UFO
고등영어독해

입문

DARAKWON

내공 고등영어독해 입문

지은이 Michael A. Putlack, 안세정, 김미경
펴낸이 정규도
펴낸곳 (주)다락원

초판 1쇄 발행 2018년 9월 7일
초판 6쇄 발행 2024년 11월 22일

편집 정지인, 서민정, 이동호
디자인 윤지영, 조영남
영문 감수 Michael A. Putlack

다락원 경기도 파주시 문발로 211
내용문의 (02)736-2031 내선 533
구입문의 (02)736-2031 내선 250~252
Fax (02)732-2037
출판등록 1977년 9월 16일 제 406-2008-000007호

ISBN 978-89-277-0833-9 54740
       978-89-277-0832-2 54740 (set)

http://www.darakwon.co.kr
다락원 홈페이지를 방문하시면 상세한 출판 정보와 함께
동영상 강좌, MP3 자료 등 다양한 어학 정보를 얻으실 수 있습니다.

Photo Credits
pp. 48, 52, 58, 62, 64
(thananchai, Felix Lipov, Dutourdumonde Photography,
Olga Popova, cristiano barni / Shutterstock.com)

내공
고등영어독해

입문

DARAKWON

Features / 이 책의 구성과 특징

영어 독해가 쉬워지고 영어 1등급 자신감을 키워주는 내공 고등영어독해!

All New Reading
새 교과서 소재와 최신 트렌드에 맞는 흥미로운 지문을 통해 기본 독해 실력을 키울 수 있습니다.

2+2+1 Questions
객관식 2문항, 서술형 2문항, 수능형 1문항으로 구성된 문제를 풀어 보며 내신과 수능을 균형 있게 학습할 수 있습니다.

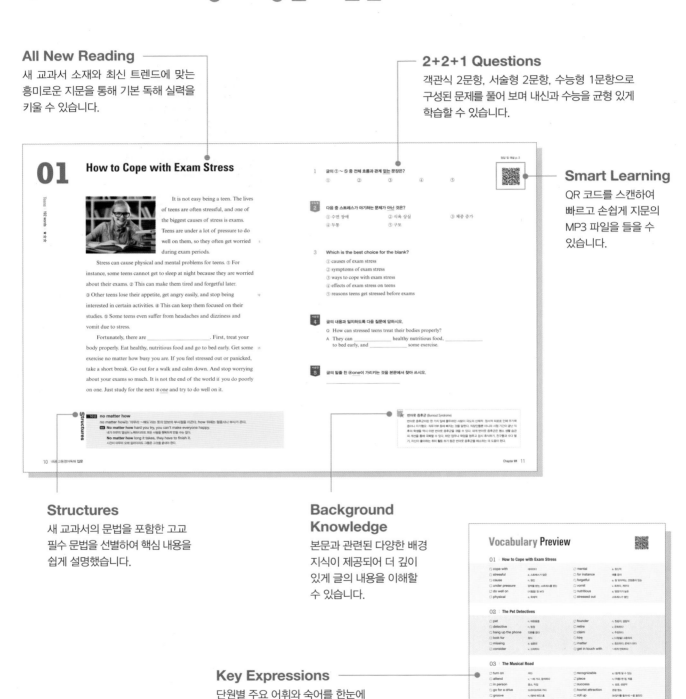

Smart Learning
QR 코드를 스캔하여 빠르고 손쉽게 지문의 MP3 파일을 들을 수 있습니다.

Structures
새 교과서의 문법을 포함한 고교 필수 문법을 선별하여 핵심 내용을 쉽게 설명했습니다.

Background Knowledge
본문과 관련된 다양한 배경 지식이 제공되어 더 깊이 있게 글의 내용을 이해할 수 있습니다.

Key Expressions
단원별 주요 어휘와 숙어를 한눈에 미리 볼 수 있으며, QR 코드를 스캔하면 원어민 발음을 들으면서 표현을 학습할 수 있습니다.

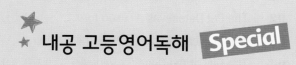

Reading Comprehension

각 단원에서 배운 주요 문법과 구문, 숙어를 직독직해
유형의 문제를 통해 확인하고 정리해 봅니다.

내공 고등영어독해 **Special**

한번 해보자, 수능!

수능 소재의 지문을 활용하여 수능 유형
공략법을 익히고, 유형별 대표 문제를
통해 수능 문제 풀이 훈련을 합니다.
동일 지문으로 서술형으로 변형된 문항을
풀어 봅니다.

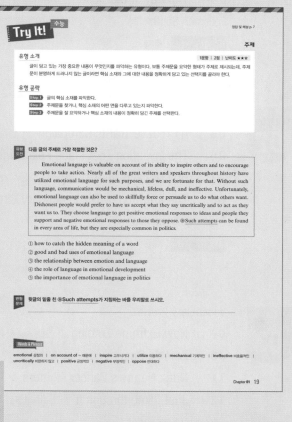

Workbook

단원별 주요 단어와 숙어, 핵심 구문과 문법을
다양한 형태의 문제를 통해 복습합니다.

내신 대비 Review Test
(온라인 부가 자료)

단원별 어휘, 문법, 지문을 활용해
실제 내신기출 유형으로만 이루어진
다양한 문제를 풀어보며 내신 문제
풀이 훈련을 합니다.

Contents / 목차

Chapter 01

Vocabulary Preview 009

01 | How to Cope with Exam Stress | 복합관계부사 no matter how 010

02 | The Pet Detectives | used to-v 012

03 | The Musical Road | 재귀대명사의 강조 용법 014

04 | The Day of the Dead | Summary | 명사를 뒤에서 수식하는 분사 016

Focus on Sentences 018

Try It! 수능 주제 019

Chapter 02

Vocabulary Preview 021

05 | A Creative Traffic Campaign | 접속사가 있는 분사구문 022

06 | The Invention That Made Peace with Lions | try+-ing vs. try+to-v 024

07 | Buy Nothing New Month | 조동사 ought to 026

08 | The Inmyeonjo: The Legendary Bird of Peace | Summary | 주의해야 할 타동사 028

Focus on Sentences 030

Try It! 수능 심경 031

Chapter 03

Vocabulary Preview 033

09 | New Extreme Zorbing | 형용사/부사+enough 034

10 | Zombie Deer | as ~ as 원급 비교 036

11 | Nuts: Nature's Cancer Fighters | to부정사의 의미상의 주어 038

12 | Just Climb through It | Summary | spend+시간+-ing 040

Focus on Sentences 042

Try It! 수능 제목 043

Chapter 04

Vocabulary Preview 045

13 | Puppy Parents | be/get used to+-ing 046

14 | Four Seasons of Colors in Hitachi Seaside Park | 조동사 had better 048

15 | The Sunshine Vitamin | 사역동사+목적어+동사원형 050

16 | Stolpersteine in Berlin | Summary | 관계부사 where 052

Focus on Sentences 054

Try It! 수능 지칭 추론 055

Chapter 05

Vocabulary Preview		057
17	The Festival of Tihar	be known as vs. be known for	058
18	Changing Ideas, Changing Words	현재진행 수동태	060
19	*The Roaring Lion*	have+목적어+과거분사	062
20	F1 and the Monaco Grand Prix	Summary	make+목적어+목적격보어	064
Focus on Sentences		066
Try It! 수능 어휘		067

Chapter 06

Vocabulary Preview		069
21	All about the Met Gala	All[(that)+주어+동사] is ~	070
22	Solvay Hut	one of the+최상급+복수명사	072
23	The World's Largest Air Purifier	계속적 용법의 관계대명사	074
24	Hawaiian Pizza	Summary	수동의 분사구문	076
Focus on Sentences		078
Try It! 수능 실용문		079

Chapter 07

Vocabulary Preview		081
25	Sous Vide Cooking	현재완료의 경험	082
26	Finland: The Happiest Country in the World	동명사를 목적어로 취하는 동사	084
27	The Marshmallow Challenge	앞에 나온 명사를 대신하는 that/those	086
28	An Underground City	Summary	that절이 있는 문장의 수동태	088
Focus on Sentences		090
Try It! 수능 빈칸 추론		091

Chapter 08

Vocabulary Preview		093
29	The Art of Organizing	관계대명사 목적격 생략	094
30	Sleeping Positions and Personalities	주격 관계대명사 who	096
31	Animal Burial Customs	현재완료 수동태	098
32	Christmas in Russia	Summary	선행사가 생략된 관계부사 (또는 that is why)	100
Focus on Sentences		102
Try It! 수능 무관한 문장 찾기		103

● **별책** 정답 및 해설

● **부록** Workbook

Chapter 01

01 How to Cope with Exam Stress

시험, 피할 수 없다면 극복하라.

02 The Pet Detectives

잃어버린 반려동물을 찾아 드립니다.

03 The Musical Road

자동차가 연주하는 음악을 들어봐!

04 The Day of the Dead

일년에 한번 묘지에서 만나요!

Structures

- Get some exercise **no matter how** busy you are. YBM(박), 비상
- Watkins **used to be** a police officer, but he retired from the job.
- The ad campaign brought attention to the road **itself**. 천재(이), 다락원
- It is based on the Mexican holiday **called** the Day of the Dead. YBM(박), 능률(김)

Vocabulary Preview

01 | How to Cope with Exam Stress

☐ cope with	대처하다	☐ mental	a. 정신적
☐ stressful	a. 스트레스가 많은	☐ for instance	예를 들어
☐ cause	n. 원인	☐ forgetful	a. 잘 잊어먹는, 건망증이 있는
☐ under pressure	압박을 받는, 스트레스를 받는	☐ vomit	v. 토하다, 게우다
☐ do well on	(시험을) 잘 보다	☐ nutritious	a. 영양가가 높은
☐ physical	a. 육체적	☐ stressed out	스트레스가 쌓인

02 | The Pet Detectives

☐ pet	n. 애완동물	☐ founder	n. 창립자, 설립자
☐ detective	n. 탐정	☐ retire	v. 은퇴하다
☐ hang up the phone	전화를 끊다	☐ claim	v. 주장하다
☐ look for	찾다	☐ hire	v. (사람을) 고용하다
☐ missing	a. 실종된	☐ matter	v. 중요하다, 문제가 되다
☐ consider	v. 고려하다	☐ get in touch with	~에게 연락하다

03 | The Musical Road

☐ turn on	켜다	☐ recognizable	a. (쉽게) 알 수 있는
☐ attend	v. ~에 가다, 참석하다	☐ piece	n. (작품) 한 점, 작품
☐ in person	몸소, 직접	☐ success	n. 성공, 성공작
☐ go for a drive	드라이브하러 가다	☐ tourist attraction	관광 명소
☐ groove	n. (땅에 패인) 홈	☐ roll up	(손잡이를 돌려서) ~을 올리다
☐ far apart	멀리 떨어져서	☐ speed limit	제한 속도

04 | The Day of the Dead

☐ animated	a. 만화 영화로 된	☐ deceased	a. 죽은, 사망한
☐ ancestor	n. 조상, 선조	☐ set up	설치하다, 세우다
☐ be based on	~에 근거하다	☐ decorate	v. 장식하다
☐ celebrate	v. 기념하다, 축하하다	☐ graveyard	n. 묘지
☐ hold	v. 개최하다, 열다	☐ grave	n. 무덤
☐ spirit	n. 혼령, 유령	☐ honor	v. 기리다, 존중하다

01 How to Cope with Exam Stress

It is not easy being a teen. The lives of teens are often stressful, and one of the biggest causes of stress is exams. Teens are under a lot of pressure to do well on them, so they often get worried during exam periods.

Stress can cause physical and mental problems for teens. ① For instance, some teens cannot get to sleep at night because they are worried about their exams. ② This can make them tired and forgetful later. ③ Other teens lose their appetite, get angry easily, and stop being interested in certain activities. ④ This can keep them focused on their studies. ⑤ Some teens even suffer from headaches and dizziness and vomit due to stress.

Fortunately, there are _____. First, treat your body properly. Eat healthy, nutritious food and go to bed early. Get some exercise no matter how busy you are. If you feel stressed out or panicked, take a short break. Go out for a walk and calm down. And stop worrying about your exams so much. It is not the end of the world if you do poorly on one. Just study for the next ⓐ<u>one</u> and try to do well on it.

Structures

16행 **no matter how**

no matter how는 '아무리 ~해도'라는 뜻의 양보의 부사절을 이끈다. how 뒤에는 형용사나 부사가 온다.

ex **No matter how** hard you try, you can't make everyone happy.
네가 아무리 열심히 노력하더라도 모든 사람을 행복하게 만들 수는 없다.

No matter how long it takes, they have to finish it.
시간이 아무리 오래 걸리더라도 그들은 그것을 끝내야 한다.

1   글의 ① ~ ⑤ 중 전체 흐름과 관계 <u>없는</u> 문장은?

①   ②   ③   ④   ⑤

수능형 2   다음 중 스트레스가 야기하는 문제가 <u>아닌</u> 것은?

① 수면 장애   ② 식욕 상실   ③ 체중 증가

④ 두통   ⑤ 구토

3   **Which is the best choice for the blank?**

① causes of exam stress

② symptoms of exam stress

③ ways to cope with exam stress

④ effects of exam stress on teens

⑤ reasons teens get stressed before exams

서술형 4   글의 내용과 일치하도록 다음 질문에 답하시오.

Q How can stressed teens treat their bodies properly?

A They can _____ healthy nutritious food, _____ to bed early, and _____ some exercise.

서술형 5   글의 밑줄 친 ⓐone이 가리키는 것을 본문에서 찾아 쓰시오.

_____

번아웃 증후군 (Burnout Syndrome)

번아웃 증후군이란 한 가지 일에 몰두하던 사람이 극도의 신체적·정서적 피로로 인해 무기력증이나 자기혐오·직무거부 등에 빠지는 것을 말한다. 직장인들뿐 아니라 시험 기간이 끝난 직후의 학생들 역시 이런 번아웃 증후군을 겪을 수 있다. 대개 번아웃 증후군은 평소 생활 습관의 개선을 통해 극복할 수 있다. 하던 업무나 학업을 멈추고 잠시 휴식하기, 친구들과 수다 떨기, 자신이 좋아하는 취미 활동 하기 등은 번아웃 증후군을 해소하는 데 도움이 된다.

02 The Pet Detectives

You take your dog to the park and let him ① run around. Your phone rings, so you have a conversation with a friend for a few moments. After hanging up the phone, you look for your dog but cannot see him anywhere. What can you do ② to get your missing dog back?

If you live in England, you might consider ③ giving Tom Watkins a telephone call. He is the founder of Animal Search UK and a real-life pet detective. Watkins used to be a police officer, but he retired from the job. One night, while ④ listening to the radio, he heard a live report about a missing dog. He called the radio station and claimed to be the country's top pet detective. He went out, searched the area where the dog had last ⑤ seen, and found it that night.

Since then, his agency 그가 직원 몇 명을 고용할 정도로 충분히 커졌다 to assist him. They find an average of 2,000 lost pets each month. It does not matter if your pet is a cat, dog, hamster, bird, snake, turtle, or some other animal. If you need assistance, get in touch with Tom Watkins, the pet detective.

Structures

10행 **used to-v**

과거의 습관이나 상태를 나타낼 때 used to-v를 사용한다. 해석은 '(전에) ~하곤 했다, ~이었다'라고 한다.

ex We **used to go** to the beach every summer when I was a kid. (과거의 습관)
내가 어렸을 때 우리는 매년 여름 그 바닷가에 가곤 했다.

I **used to have** long hair, but now I have short hair. (과거의 상태)
나는 전에 머리가 길었지만 지금은 머리가 짧다.

1   **What is the best title for the passage?**

① How to Find Your Lost Pet

② Why Do Pets Go Missing?

③ The Man Who Finds Lost Pets

④ Which Pets Get Lost the Most

⑤ Animal Search UK: A New Company

수능형
2   글의 밑줄 친 부분 중, 어법상 **틀린** 것은?

①   ②   ③   ④   ⑤

3   글을 읽고 답할 수 **없는** 질문은?

① Who founded Animal Search UK?

② What does Tom Watkins do for a living?

③ When did Tom Watkins retire from the police?

④ How many pets does Animal Search UK find a month?

⑤ What should you do if you need assistance in finding your missing pet?

서술형
4   글의 내용과 일치하도록 다음 질문에 답하시오.

Q   What did Tom Watkins do when he called a radio station?

A   He claimed _____.

서술형
5   밑줄 친 우리말과 같은 뜻이 되도록 주어진 단어를 바르게 배열하시오.

(to hire several employees, large enough, has become, for him)

➡ _____

03 The Musical Road

When people want to hear classical music, they may turn on the radio. Others attend concerts in person. But there is another way to hear classical music: go for a drive on Avenue G in Lancaster, California, USA. That is where the Musical Road is located.

In 2008, a Japanese carmaker wanted a unique advertising campaign. 5 (①) Some grooves were cut in the road. (②) They were spaced far enough apart so that a car driving over them would make music. (③) The music is the finale of the *William Tell Overture* by Gioachino Rossini. (④) It is one of the most recognizable pieces of classical music in the world. (⑤)

The ad campaign was a success and brought attention to the road 10 itself. Today, it is a popular tourist attraction. If you want to hear what it sounds like for yourself, drive on Avenue G between 30th Street and 40th Street West. Roll up the windows to hear the sound better. And drive the speed limit, too. If you go too fast or slow, you will not hear the music.

Structures

11행 **재귀대명사의 강조 용법**

itself는 the road를 강조하기 위해 쓰인 재귀대명사이다. 강조 용법으로 쓰인 재귀대명사는 강조되는 명사 바로 뒤 또는 문장 맨 뒤에 온다.

ex I baked the cookies **myself**. 내가 그 쿠키들을 직접 구웠다.
We **ourselves** witnessed the accident. 우리가 직접 그 사고를 목격했다.

1 글의 주제로 가장 적절한 것은?

① the *William Tell Overture*

② a classical music concert

③ a road where people drive very fast

④ how to make a musical road

⑤ a road that can make music

수능형 2 글의 흐름으로 보아, 주어진 문장이 들어가기에 가장 적절한 곳은?

> It decided to create a road that could play music.

①   ②   ③   ④   ⑤

3 **Write T if the statement is true or F if it is false.**

(1) A carmaker changed the road to make an advertisement. _____

(2) Drivers can hear the music on the road by driving very slow. _____

서술형 4 글의 내용과 일치하도록 다음 질문에 답하시오.

Q Why were the grooves in the road spaced far apart?

A They were spaced far apart so that _____.

서술형 5 글의 내용과 일치하도록 빈칸에 알맞은 단어를 본문에서 찾아 쓰시오.

_____ on Avenue G between 30th Street and 40th Street West in Lancaster, California, the musical road is now a popular _____ _____.

04 The Day of the Dead

The 2017 animated film *Coco* tells the story of a young boy who travels to the Land of the Dead. His actions there help keep alive the memory of his ancestor. The story is based on the Mexican holiday called the Day of the Dead.

The Day of the Dead is celebrated on November 1 and 2. As its name suggests, it is held for people who have died. The people of Mexico believe the gates of Heaven open at midnight on October 31. Then, the spirits of dead children can spend the next 24 hours with their families. The following day, the spirits of dead adults arrive to be with their families.

To enjoy the time with their deceased ancestors, Mexicans set up altars calling *ofrendas* in their homes. They decorate them with candles, flowers, and plenty of food since the spirits are hungry. Then, in the afternoon on November 2, Mexicans visit graveyards. They clean graves, play cards, listen to music, and talk about the dead. For them, it is a way to honor the spirits of their ancestors.

Structures

4행 명사를 뒤에서 수식하는 분사

분사가 단독으로 명사를 수식할 때는 명사 앞에 오지만, 목적어나 수식어구를 동반하는 경우에는 분사 뒤에 위치한다.

ex The girl **wearing** the red blouse is my cousin. 빨간색 블라우스를 입고 있는 소녀는 내 사촌이다.

Anyone **interested** in performing on stage is welcome to audition.
무대 위에서 공연하는 것에 관심 있는 사람은 누구나 오디션을 볼 수 있다.

1   What is the passage mainly about?

① the story in the animated film *Coco*

② how Mexicans celebrate the Day of the Dead

③ the activities Mexicans do on November 2

④ how the Day of the Dead was started

⑤ the decorations used on *ofrendas*

2   According to the passage, which is NOT true about the Day of the Dead?

① It takes place over two days.

② Mexicans celebrate it to honor their deceased ancestors.

③ It is based on the animated film *Coco*.

④ November 1 is the day for honoring dead children.

⑤ On its last day, Mexicans visit graveyards.

3   Read the underlined sentence and correct the error.

_____ ➡ _____

4   Find the word in the passage which has the given meaning.

> *n.* a relative who lived in the past but has died

_____

Summary   Fill in the blanks by using the words and phrases below.

celebrated	dead	based on	spirits

The animated film *Coco* tells a story _____ the Day of the Dead. It is _____ on November 1 and 2. Mexicans believe they can meet the _____ of their ancestors then. They decorate *ofrendas* with candles, flowers, and food. They also visit graveyards to clean graves, play cards, listen to music, and talk about the _____.

A 다음 문장을 밑줄 친 부분에 유의하여 우리말로 해석하시오.

1 Get some exercise <u>no matter how</u> busy you are.

_____

2 Watkins <u>used to be</u> a police officer, but he retired from the job.

_____

3 The ad campaign was a success and brought attention to <u>the road itself</u>.

_____

4 The story is based on <u>the Mexican holiday called</u> the Day of the Dead.

_____

B 우리말과 같은 뜻이 되도록 주어진 말을 바르게 배열하시오.

1 그는 라디오 방송국에 전화를 걸어 국내 최고의 애완동물 탐정이라고 주장했다.

He called the radio station and _____.
(pet, top, be, country's, to, claimed, detective, the)

2 홈들은 그 위를 달리는 차가 음악을 만들 수 있도록 간격을 충분히 멀리 떨어뜨렸다.

They were spaced far enough apart _____.
(music, a, so, make, car, them, would, driving, over, that)

3 그곳에서 그의 행동들은 그의 조상에 대한 기억이 사라지지 않게 해 준다.

His actions there _____.
(of, the, help, ancestor, memory, keep, his, alive)

C 우리말과 같은 뜻이 되도록 빈칸에 알맞은 말을 쓰시오.

1 다행히도 시험 스트레스에 대처할 수 있는 방법들이 있다.

Fortunately, there are ways to _____ _____ exam stress.

2 전화를 끊은 후에 당신은 개를 찾지만 어디에서도 볼 수가 없다.

After _____ _____ _____ _____, you look for your dog but cannot see him anywhere.

3 당신이 도움을 필요로 한다면 애완동물 탐정에게 연락해라.

If you need assistance, _____ _____ _____ _____ the pet detective.

주제

유형 소개

1문항 | 2점 | 난이도 ★★☆

글이 담고 있는 가장 중요한 내용이 무엇인지를 파악하는 유형이다. 보통 주제문을 요약한 형태가 주제로 제시되는데, 주제문이 분명하게 드러나지 않는 글이라면 핵심 소재와 그에 대한 내용을 정확하게 담고 있는 선택지를 골라야 한다.

유형 공략

Step 1 글의 핵심 소재를 파악한다.
Step 2 주제문을 찾거나, 핵심 소재의 어떤 면을 다루고 있는지 파악한다.
Step 3 주제문을 잘 요약하거나 핵심 소재의 내용이 정확히 담긴 주제를 선택한다.

 다음 글의 주제로 가장 적절한 것은?

Emotional language is valuable on account of its ability to inspire others and to encourage people to take action. Nearly all of the great writers and speakers throughout history have utilized emotional language for such purposes, and we are fortunate for that. Without such language, communication would be mechanical, lifeless, dull, and ineffective. Unfortunately, emotional language can also be used to skillfully force or persuade us to do what others want. Dishonest people would prefer to have us accept what they say uncritically and to act as they want us to. They choose language to get positive emotional responses to ideas and people they support and negative emotional responses to those they oppose. ⓐ Such attempts can be found in every area of life, but they are especially common in politics.

① how to catch the hidden meaning of a word
② good and bad uses of emotional language
③ the relationship between emotion and language
④ the role of language in emotional development
⑤ the importance of emotional language in politics

 윗글의 밑줄 친 ⓐSuch attempts가 지칭하는 바를 우리말로 쓰시오.

_____

emotional 감정의 | **on account of** ~ 때문에 | **inspire** 고무시키다 | **utilize** 이용하다 | **mechanical** 기계적인 | **ineffective** 비효율적인 |
uncritically 비판하지 않고 | **positive** 긍정적인 | **negative** 부정적인 | **oppose** 반대하다

Chapter 02

05 **A Creative Traffic Campaign**
무단 횡단을 하면 겪게 되는 극한 공포

06 **The Invention That Made Peace with Lions**
동네 사자와 화해하는 방법

07 **Buy Nothing New Month**
이번 달엔 참아주세요.

08 **The *Inmyeonjo* : The Legendary Bird of Peace**
하늘과 땅을 잇는 평화의 상징

Structures

- **When crossing the street**, pay attention to the traffic lights. 능률(김), 비상
- First, he **tried using** fire to scare the lions.
- People **ought to** buy less and conserve more.
- It **resembled** a bird with a human face.

Vocabulary Preview

05 | A Creative Traffic Campaign

☐ traffic campaign	교통 캠페인	☐ get hurt	다치다
☐ crosswalk	n. 횡단보도	☐ squeal	v. 끼익 하는 소리를 내다
☐ slam on the brakes	급브레이크를 밟다	☐ screeching	a. 새된 소리를 지르는
☐ honk	v. (자동차 경적을) 울리다	☐ take pictures of	～의 사진을 찍다
☐ horn	n. (차량의) 경적	☐ frightened	a. 겁을 먹은, 무서워하는
☐ hit	v. ～와 부딪히다, ～을 들이받다	☐ pedestrian	n. 보행자

06 | The Invention That Made Peace with Lions

☐ make peace with	～와 화해하다	☐ invent	v. 발명하다
☐ scare	v. 겁주다, 겁먹게 하다	☐ device	n. 장치
☐ scarecrow	n. 허수아비	☐ on and off	켜졌다 꺼졌다
☐ realize	v. 깨닫다	☐ stay up	안 자다, 깨어 있다
☐ ignore	v. 무시하다	☐ shoot	v. 총을 쏘다
☐ flashlight	n. 손전등	☐ attack	v. 공격하다

07 | Buy Nothing New Month

☐ necessities	n. 필수품	☐ resource	n. 자원
☐ encourage	v. ～을 장려하다	☐ limitless	a. 무한한
☐ secondhand	a. 중고의	☐ conserve	v. 아끼다
☐ rent	v. (사용료를 내고) 빌리다	☐ preserve	v. 보호하다
☐ trade A for B	A와 B를 교환하다	☐ reduce	v. 줄이다
☐ remind	v. 상기시키다	☐ eliminate	v. 없애다

08 | The *Inmyeonjo*: The Legendary Bird of Peace

☐ legendary	a. 전설적인	☐ ancient	a. 고대의
☐ opening ceremony	개회식	☐ tomb	n. 무덤
☐ enormous	a. 거대한	☐ according to	～에 따르면
☐ resemble	v. 닮다	☐ supposedly	adv. 아마도, 짐작건데
☐ literally	adv. 문자 그대로	☐ connect A and B	A와 B를 잇다, 연결하다
☐ mythology	n. 신화	☐ unity	n. 통합

05 A Creative Traffic Campaign

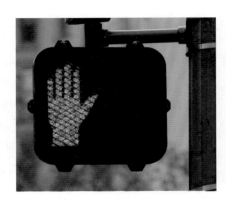

Have you ever crossed the street when the crosswalk light is red? Perhaps you were in a hurry. And maybe you did not see the car speeding toward you. The driver slammed on the brakes and honked his horn loudly. He did not hit you, but he nearly did. Can you imagine the look of fear on your face then?

(①) In France in 2017, the French road safety authority started a traffic campaign. (②) More than 4,500 people were getting hurt in traffic accidents in Paris each year. (③) The organization wanted to reduce the number of traffic accidents. (④) If people crossed when the light was red, the sounds of car brakes squealing and screeching noises played. (⑤)

Why did they do this? There was also a camera. It took pictures of the frightened looks on pedestrians' faces. Then, ⓐ it displayed the pictures on a digital information screen for the people to see. On the screen, there was a message. ⓑ It read, "Don't risk staring into the face of death. When crossing the street, _____."

Structures

18행 접속사가 있는 분사구문

분사구문의 뜻을 명확하게 하기 위해 접속사를 없애지 않고 분사구문 앞에 놓을 수 있다.

ex **When traveling around France**, I always stay in hotels.
나는 프랑스를 여행할 때 항상 호텔에 묵는다.
While preparing dinner, he cut his finger.
그는 저녁 식사를 준비하는 동안 손가락을 베었다.

1 글에 따르면 빨간 불이 켜졌을 때 길을 건너면 듣게 되는 소리는?

① 사람들의 비명 소리
② 자동차 브레이크를 밟는 소리
③ 자동차의 경적 소리
④ 자동차에 사람이 치이는 소리
⑤ 경찰차의 사이렌 소리

 2 **Where would the following sentence best fit?**

> So its members set up motion detectors and hidden speakers at pedestrian crossings in Paris.

①   ②   ③   ④   ⑤

3 글의 빈칸에 들어갈 말로 가장 적절한 것은?

① watch out for bikes
② look for hidden cameras
③ pay attention to the traffic lights
④ stop talking on the phone
⑤ think about the traffic conditions in Paris

 4 글의 내용과 일치하도록 다음 질문에 답하시오.

Q What did the camera take pictures of?
A It took pictures of _____.

 5 글의 밑줄 친 ⓐ와 ⓑ가 가리키는 것을 찾아 쓰시오.

ⓐ _____
ⓑ _____

06 The Invention That Made Peace with Lions

Many wild animals, including lions, live in Nairobi National Park in Kenya. Large numbers of farmers also live alongside the park. Lions sometimes leave the park and kill farmers' cows late at night. One boy thought long and hard about how to stop ⓐ this problem.

First, he tried using fire to scare the lions, but it actually helped them see more clearly at night. Next, he used a scarecrow. It worked the first time, but then the lions realized it was not moving. So they simply ignored it and killed the cows the next time.

One night, the boy was out walking around to protect his cows. The lions did not come that night, and he realized why: the moving light from his flashlight. So he invented a device which made lights flash on and off at night. The lions stopped coming, and he no longer had to stay up at night to protect his cows.

Since then, other farmers have begun using his invention. It keeps their cows safe, and they do not have to shoot any lions attacking their animals. In that way, they have an invention that has made peace with lions.

Structures

8행 **try+-ing vs. try+to-v**

「try+-ing」는 '시험 삼아 ~을 한번 해보다'라는 뜻이고, 「try+to-v」는 '~하기 위해 노력하다'라는 뜻이다.

ex If you have trouble sleeping at night, **try doing** some yoga before you go to bed.
밤에 잠을 잘 못 잔다면 자기 전에 요가를 한번 해 보아라.

He sat back in the chair and **tried to relax**.
그는 의자에 편히 앉아 긴장을 풀려고 노력했다.

1 글의 주제로 가장 적절한 것은?

① how a boy learned to scare off lions

② why lions attacked a boy's farm

③ where in Africa wild animals live

④ where lions and humans live together

⑤ what animals live in Nairobi National Park

2 글에 따르면 사자들을 겁먹게 한 것은?

① 허수아비 ② 경비견 ③ 손전등의 불빛

④ 움직이는 물체 ⑤ 소의 울음소리

3 글의 내용과 일치하면 T, 그렇지 않으면 F를 쓰시오.

(1) Farmers' cows live in Nairobi National Park. _____

(2) Many people use the boy's invention to protect their cows. _____

4 What does the underlined ⓐ this problem refer to in the passage?
Write in Korean.

_____

5 글의 내용과 일치하도록 빈칸에 알맞은 단어를 본문에서 찾아 쓰시오.

The boy tried to scare the lions with _____ and a(n) _____, but they did not work.

★ **아프리카 사파리(Safari) 투어**

사파리(Safari)는 스와힐리어로 '여행'이라는 뜻이며 사냥감을 찾아 원정하는 것을 이르던 말이다. 케냐의 마사이 마라(The Great Masai Mara)는 케냐의 서남쪽에 위치한 국립 보호구역으로, 자동차를 타고 야생동물을 구경하는 사파리 투어가 가능한데, 방문객들은 상위 포식자인 코끼리, 사자, 표범, 버펄로, 코뿔소를 비롯한 수많은 야생동물을 볼 수 있다. 매년 7월에서 10월 수백만 마리의 누떼(gnu)와 여러 초식동물들이 풀을 찾아 수천 킬로미터를 이동하는데 사자나 하이에나 등의 육식동물이 이들을 뒤따르는 대이동의 풍경을 보기 위해 많은 여행객들이 이 시기에 케냐를 찾는다.

07 Buy Nothing New Month

Shopping is a common activity for many people. Of course, people have to buy necessities such as food and clothing. But they also waste their money on lots of items they do not really need. A few years ago, Buy Nothing New Month was ⓐ<u>suggest</u> in Melbourne, Australia. At first, only a few people tried it, but the idea has spread around the world in recent times. 5

Buy Nothing New Month does not mean that people should spend no money at all for an entire month. _____, it encourages people ⓑ<u>ask</u> themselves the following questions before they buy something: Do I really need it? If I need it, can I buy it secondhand? 10

Can I rent it? Or can I trade it for something else with a friend?

The purpose of Buy Nothing New Month is to remind people that resources are not limitless. People ought to buy less and conserve 15 more. That will help preserve the environment. Why don't you try doing it? Choose a month and then see if you can reduce or eliminate your new purchases during it.

Structures

15행 조동사 ought to

조동사 ought to는 should와 마찬가지로 마땅히 해야 하는 일을 말하거나 충고를 할 때 사용한다.
해석은 '~해야 한다, ~하는 것이 좋다'라고 한다.

ex You **ought to** (= should) do your homework before watching TV.
너는 텔레비전을 보기 전에 숙제를 하는 것이 좋겠다.

We **ought to** (= should) eat lots of fruits and vegetables every day.
우리는 매일 과일과 채소를 많이 먹어야 한다.

1 글의 제목으로 가장 적절한 것은?

① Let's Buy Secondhand Items

② 30 Days of Buying Nothing New

③ Getting Rid of the Things We Own

④ Why Do We Spend So Much Money?

⑤ Buy Nothing New Month: Who Started It?

2 글의 빈칸에 들어갈 말로 가장 적절한 것은?

① Instead   ② Therefore   ③ Surprisingly

④ For example   ⑤ As a result

3 **Buy Nothing New Month에 관한 글의 내용과 일치하지 <u>않는</u> 것은?**

① 호주의 멜버른에서 시작되었다.

② 최근 들어 전 세계로 확산되고 있다.

③ 한 달 동안 아무것도 사지 말아야 한다.

④ 사람들에게 우리가 가진 자원이 무한하지 않다는 것을 상기시킨다.

⑤ 환경을 보호하자는 취지에서 시작되었다.

4 **Fill in the blanks with words from the passage.**

> Buy Nothing New Month is a(n) _____–month challenge to buy nothing _____ with the exception of _____ such as food and clothing.

5 **글의 ⓐ와 ⓑ에 주어진 동사를 어법에 알맞은 형태로 바꾸어 쓰시오.**

ⓐ _____

ⓑ _____

08 The *Inmyeonjo*: The Legendary Bird of Peace

The 2018 Winter Olympics were held in Pyeongchang, Korea. Millions of people around the world watched the opening ceremony. During ①it, viewers were surprised when they suddenly saw an enormous animal on stage. It resembled a bird with a human face.

Some viewers thought ②it was a legendary Greek monster with the body of a bird and the face of a woman. Instead, what they were seeing was an *inmyeonjo*. Literally meaning "human-faced bird," ③it is a creature from East Asian mythology. The *inmyeonjo* first appeared during the Goguryeo Period in Korean history. There are drawings of ④it on ancient tombs. And there are even some cave art drawings of *inmyeonjo*.

So why did the *inmyeonjo* appear at the Olympics? The answer is simple. According to legend, the *inmyeonjo* appears when there is peace on the Earth. Supposedly, it can connect Heaven and Earth for 1,000 years. ⑤It is a symbol of unity. Since the Olympics are about people and countries coming together, it was the perfect symbol for the 2018 Winter Olympics.

Structures

7행 **주의해야 할 타동사**

'~와 닮다'라는 의미의 동사 **resemble**은 전치사가 필요 없는 타동사이다. 이 밖에 **marry**(~와 결혼하다), **enter**(~에 들어가다), **attend**(~에 참석하다) 등도 전치사 없이 바로 목적어를 필요로 하는 타동사이다.

ex • Will you **marry** me? (○) 저와 결혼해 주시겠어요?
Will you marry with me? (×)

• Knock before you **enter** the room. (○) 방에 들어가기 전에 노크를 해라.
Knock before you enter into the room. (×)

1   **Choose the one that indicates something different.**

      ①   ②   ③   ④   ⑤

수능형 2   **According to the passage, which is NOT true about the *inmyeonjo*?**

① It appeared at the Winter Olympics in 2018.

② It looks like a bird with the face of a person.

③ It is a mythological creature.

④ There are images of it on tombs.

⑤ It was influenced by a Greek monster.

서술형 3   **When did the *inmyeonjo* first appear in Korean history?**

→ It first appeared _____ in Korean history.

서술형 4   **Find the word in the passage which has the given meaning.**

> *n.* a collection of stories from the past that may or may not be true

_____

Summary   **Fill in the blanks by using the words below.**

resembling	connect	ceremony	unity

At the 2018 Winter Olympics in Pyeongchang, Korea, an *inmyeonjo* appeared during the opening _____. It is a mythological creature _____ a bird with a human face. It first appeared during the Goguryeo Period in Korean history. The *inmyeonjo* can supposedly _____ Heaven and Earth for 1,000 years. It is also a symbol of _____, making it appropriate for the Olympics.

Focus on Sentences

A   다음 문장을 밑줄 친 부분에 유의하여 우리말로 해석하시오.

1   <u>When crossing the street</u>, pay attention to the traffic lights.

_____

2   First, he <u>tried using</u> fire to scare the lions.

_____

3   People <u>ought to</u> buy less and conserve more.

_____

4   It <u>resembled</u> a bird with a human face.

_____

B   우리말과 같은 뜻이 되도록 주어진 말을 바르게 배열하시오.

1   그래서 그는 밤에 불빛이 켜졌다 꺼졌다 하게 하는 장치를 발명했다.

So he invented a device _____ at night.
                        (and, flash, made, off, which, on, lights)

2   그들은 자신들의 동물을 공격하는 사자들에게 총을 쏠 필요가 없다.

_____ attacking their animals.
        (not, lions, they, any, shoot, to, have, do)

3   그것은 사람들이 물건을 구입하기 전에 다음과 같은 질문들을 자문해 볼 것을 권장한다.

_____ before they buy something.
(ask, encourages, the, to, questions, people, it, following, themselves)

C   우리말과 같은 뜻이 되도록 빈칸에 알맞은 말을 쓰시오.

1   그것은 보행자들의 겁을 먹은 표정을 찍었다.

It _____ _____ _____ the frightened looks on pedestrians' faces.

2   그런 방식으로 그들은 사자들과 화해한 발명품을 갖고 있다.

In that way, they have an invention that has _____ _____ _____
lions.

3   그들은 또한 그들이 정말로 필요하지 않은 많은 물품에 돈을 낭비한다.

They also _____ _____ _____ _____ lots of items they do
not really need.

심경

유형 소개

1문항 │ 2점 │ 난이도 ★★★

등장인물이 어떤 사건을 겪으면서 드러내는 감정을 고르는 문제 유형이다. 주인공의 심경 또는 심경의 변화를 물어보는 두 가지 유형으로 출제되고 있다. 구체적인 사건이나 주인공이 처한 상황을 파악하고, 이런 상황에서 느낄 주인공의 심경을 추론해야 한다.

유형 공략

Step 1 누구의 심경을 파악해야 하는지를 확인한다.
Step 2 파악해야 하는 대상이 겪는 사건이나 처한 상황을 이해한다.
Step 3 주어진 상황 속에서 등장인물이 느낄 심경을 추론한다.

 다음 글에 드러난 Sam의 심경으로 가장 적절한 것은?

For the first two days since he had left her, Sam could not get Elizabeth's tear-covered face out of his mind. All by himself, he felt lonely. He'd looked back and watched her grow smaller and smaller until she'd disappeared from view. He tried to comfort himself with the thought that if everything went according to plan, they would be back together in less than a week, but there was a lot of work to do before then... and these days, things rarely seemed to go according to plan. Sam was already painfully thinking that he should not have left her. Being away from her didn't feel right. Forcing himself to clear his mind and to focus on what was ahead, he looked out the window. The late-autumn afternoon sky was dull and filled with rain.

① calm and relieved
② indifferent and bored
③ scared and frightened
④ depressed and regretful
⑤ excited and anticipating

 윗글에서 Sam이 후회하고 있는 것이 무엇인지 우리말로 쓰시오.

_____

all by oneself 아무도 없이 혼자 │ **comfort** 위로하다 │ **rarely** 거의 ~않는 │ **painfully** 고통스럽게 │ **focus on** ~에 집중하다

Chapter 03

09 **New Extreme Zorbing**

햄스터처럼 구르는 공 안을 달리며 즐겨봐!

10 **Zombie Deer**

사슴 주의보를 발령합니다.

11 **Nuts: Nature's Cancer Fighters**

암을 예방하는 견과류의 힘

12 **Just Climb through It**

암벽 등반에서는 세계 챔피언, 학교에서는 평범한 십 대

Structures

- It is a small plastic ball **large enough** for a hamster. 능률(김)
- Zombie movies are **as scary as** any horror movie. 비상, 지학사
- Eating nuts is a great way **for people** to reduce their chances of getting cancer. YBM(박), 능률(김)
- Most teens **spend their weekends hanging** out with their friends.

Vocabulary Preview

09 | New Extreme Zorbing

☐ wonder	v. 궁금하다	☐ initially	adv. 처음에
☐ curious	a. 궁금해 하는	☐ gentle	a. 완만한, 부드러운
☐ for oneself	스스로	☐ slope	n. 경사
☐ decide to-v	~하기로 결정하다	☐ flat	a. 평평한
☐ transparent	a. 투명한	☐ surface	n. 표면
☐ sphere	n. 구	☐ gain popularity	인기를 얻다

10 | Zombie Deer

☐ objective	n. 목표	☐ lack	n. 부족, 결핍
☐ in order to-v	~하기 위하여	☐ drooling	n. 침 흘리기
☐ disease	n. 질병	☐ sufferer	n. 환자
☐ severe	a. 심각한	☐ reindeer	n. 순록
☐ blank	a. 멍한, 무표정한	☐ moose	n. 무스
☐ facial expression	얼굴 표정	☐ elk	n. 엘크

11 | Nuts: Nature's Cancer Fighters

☐ decade	n. 10년	☐ effective	a. 효과적인
☐ handful	n. 줌, 움큼	☐ swelling	n. 부종
☐ numerous	a. 수많은	☐ associated with	~와 관련된
☐ probability	n. 가능성	☐ diabetes	n. 당뇨병
☐ prevent	v. 예방하다	☐ odds	n. 가능성, 확률
☐ especially	adv. 특히	☐ In addition	게다가

12 | Just Climb through It

☐ hang out with	~와 어울려 시간을 보내다	☐ equipment	n. 장비
☐ rock climbing	암벽 등반	☐ endurance	n. 인내심
☐ prove to-v	~임이 드러나다	☐ rating	n. 등급
☐ quite	adv. 꽤, 상당히	☐ complete	v. 완성하다
☐ talented	a. 재능이 있는	☐ think of A as B	A를 B로 생각하다
☐ incredibly	adv. 믿기 어려울 정도로	☐ clumsy	a. 서투른

09 New Extreme Zorbing

Have you ever seen a hamster ball? It is a small plastic ball large enough for a hamster. The hamster goes inside and starts moving, and then the ball rolls around with the hamster in it. Have you ever wondered what that would feel like? Well, you no longer need to be curious. You can find out for yourself if you start doing zorbing.

In 1994, two New Zealanders, Andrew Akers and Dwane van der Sluis, wanted to have some fun. So ①they decided to build some transparent plastic ②balls big enough for people. People could make the ③spheres go by moving inside ④them. The activity was initially called orbing or sphering, but it later became known as zorbing while the spheres were called ⑤zorbs.

Most people do zorbing on gentle slopes, that allow riders to move in a variety of ways. Others prefer to use their zorbs on flat surfaces though. These days, zorbing is gaining popularity at theme parks in New Zealand and the United Kingdom, and some people are creating new ways to go zorbing. _____, some riders use their zorbs to float on water while others actually put water inside their zorbs.

Structures

2행 **형용사/부사+enough**

enough는 형용사나 부사와 함께 쓰일 때 형용사나 부사 뒤에 위치한다.

ex This box is not **big enough** for all those clothes.
이 상자는 저 옷들이 다 들어갈 만큼 충분히 크지 않다.
The teacher spoke **slowly enough** for us to understand.
선생님은 우리가 이해할 수 있을 정도로 충분히 천천히 말씀하셨다.

1 밑줄 친 부분이 가리키는 대상이 나머지 넷과 <u>다른</u> 것은?

①   ②   ③   ④   ⑤

2 Which is the best choice for the blank?

① In addition   ② As a result   ③ For instance

④ In other words   ⑤ On the other hand

3 zorbing에 관해 글에서 언급되지 <u>않은</u> 것은?

① who created it

② how people can do it

③ where people do it

④ when people enjoy it the most

⑤ what people actually put in zorbs

 밑줄 친 문장에서 <u>틀린</u> 곳을 찾아 바르게 고치시오.

_____ ➡ _____

 글의 내용과 일치하도록 다음 질문에 답하시오.

Q   Where is zorbing gaining popularity?

A   It is gaining popularity _____.

10 Zombie Deer

Zombie movies are as scary as any horror movie. In these films, zombies are undead creatures that cannot think for themselves. Their only objective is to find living creatures such as humans in order 5 to eat them. Fortunately, there is no such thing as zombies. Or is there?

Since 1967, scientists have known about a disease called *chronic wasting disease. It causes severe weight loss, a blank facial expression, a lack of fear of people, a loss of balance, and drooling. Basically, it causes sufferers of the disease to act like zombies. That is why this disease is 10 often called zombie deer disease.

Deer? That's right. It affects deer and other animals like them, including reindeer, moose, and elk. Deer with this disease have been discovered in many places in the United States and Canada. So far, the disease has not spread to humans. But scientists 15 think it might move to humans the same way mad cow disease ⓐ did. If that happens, we might see real human zombies in the future.

*chronic wasting disease 만성 소모성 질병

Structures

1행 **as ~ as 원급 비교**
서로 동등한 두 개의 대상을 비교할 때 「as+형용사/부사+as」의 원급 비교 구문을 사용한다. 해석은 '~처럼 …한/하게'라고 한다.
ex The weather this winter is **as bad as** last year. 이번 겨울 날씨는 작년만큼 안 좋다.
My grandfather is not **as active as** he used to be. 나의 할아버지는 예전만큼 활동적이지 않으시다.

1 글의 주제로 가장 적절한 것은?

① the cause of mad cow disease

② deer turning humans into zombies

③ a sickness affecting deer and humans

④ a disease that turns deer into zombies

⑤ the reason so many deer are dying nowadays

2 According to the passage, which is NOT a symptom of chronic wasting disease?

① 체중 감소   ② 무표정   ③ 균형 감각 상실

④ 걸음걸이 이상   ⑤ 침 흘림

3 글의 내용과 일치하면 T, 그렇지 않으면 F를 쓰시오.

(1) Chronic wasting disease only affects members of the deer family. _____

(2) Humans will never get chronic wasting disease in the future. _____

4 글의 밑줄 친 ⓐdid가 대신하는 말을 본문에서 찾아 세 단어로 쓰시오.

_____

5 글의 내용과 일치하도록 빈칸에 알맞은 단어를 본문에서 찾아 쓰시오.

Chronic wasting disease, which causes deer to act like _____, was first discovered in 1967, and so far, there have been no reported infections in _____.

Nuts: Nature's Cancer Fighters

11

For decades, people have said the expression "An apple a day keeps the doctor away." They might need to start a new one: "A handful of nuts a day keeps cancer away." The reason is that eating nuts ① are a great way for people to reduce their chances of getting cancer.

There are all kinds of nuts. Many people enjoy ② eating peanuts, walnuts, and pecans as snacks. In recent years, researchers have done numerous studies on nuts. They have noticed that people who eat them gain many health benefits. Among them ③ is a lower probability of getting cancer. The flavonoids in nuts help keep bodies healthy, ④ which helps prevent cancer.

Walnuts appear especially helpful. They are effective at reducing the swelling ⑤ associated with some cancers and also reduce a person's chances of getting heart disease or diabetes. Women who eat lots of peanuts, walnuts, or almonds can lower their odds of getting breast cancer. In addition, girls who eat nuts have a 40% lower chance of getting breast cancer as adults. So have some nuts the next time you want a snack. They are some of the tastiest snacks and can keep you healthy.

Structures

| 6행 | **to부정사의 의미상의 주어** |

to부정사의 의미상의 주어는 to부정사 바로 앞에 「for+목적격」을 써서 나타낸다.

ex It is almost impossible **for me** to lose weight. 내가 살을 빼는 것은 거의 불가능하다.

It is difficult **for children** to be patient. 아이들이 인내심을 갖는 것은 어렵다.

1   **What is the passage mainly about?**

① the flavonoids in nuts

② the best snack foods to eat

③ the health benefits of nuts

④ the best nuts for breast cancer

⑤ the different kinds of healthy nuts

2   **글의 밑줄 친 부분 중, 어법상 틀린 것은?**

①   ②   ③   ④   ⑤

3   **글에서 견과류의 효능으로 언급된 것을 모두 고르시오.**

① 암 발병 가능성을 낮춘다.

② 체중 감량에 도움이 된다.

③ 혈액 순환을 개선시킨다.

④ 당뇨병에 걸릴 가능성이 낮아진다.

⑤ 면역력을 강화시킨다.

4   **글의 내용과 일치하도록 다음 질문에 답하시오.**

Q How can women benefit from eating peanuts, walnuts, or almonds?

A They can _____.

5   **견과류에 들어 있는 어떤 성분이 암 예방에 도움이 되는지 본문에서 찾아 쓰시오.**

_____

 다양한 견과류의 효능

아몬드: 견과류 중에서도 미네랄과 식이 섬유가 많아 지방이나 콜레스테롤 흡수를 줄여주고, 지방 연소가 잘 되어 다이어트에도 좋다.

땅콩: 비타민 B군과 E가 풍부하여 노화 방지, 피로 회복에 좋다. 공부하는 학생이나 정신적인 활동을 많이 하는 사람에게 좋다.

잣: 철분이 많이 들어있는 잣은 빈혈이 있을 때 먹으면 좋고, 식욕 억제에 효과가 있어 체중 감소에 도움을 준다.

12 Just Climb through It

Most teens spend their weekends hanging out with their friends or going online updating their social media pages. (A) She spends her weekends doing rock climbing. (B) They may do 5 some homework or spend time with their families, too. (C) Ashima Shiraishi is not like most teens though.

Shiraishi started rock climbing when she was six years old. She loved it and proved to be quite talented. Rock climbing is incredibly dangerous since climbers use very little equipment. It also requires great strength, 10 endurance, and focus.

In 2016, Shiraishi climbed Mt. Hiei in Japan. The route she took has a difficulty rating of V15. V16 is the highest possible rating. She became the youngest person in the world to complete a V15 climb, doing that a week before she turned fourteen. Since then, she has set numerous climbing 15 records and is widely considered one of the best rock climbers in the world.

Despite her talent, Shiraishi likes to think of herself as a regular teen. She studies hard and enjoys cooking at home. She even says she is pretty clumsy and always drops things. On mountains, however, there is nothing clumsy about her. 20

Structures

1행 spend+시간+-ing

「spend+시간+-ing」는 '~하면서 시간을 보내다'라는 뜻이다.

ex My cat, Kitty, **spends most of her time sleeping**.
내 고양이인 Kitty는 대부분의 시간을 자면서 보낸다.

I **spent a lot of time buying** Christmas presents for my family.
나는 가족에게 줄 크리스마스 선물을 사느라 많은 시간을 보냈다.

1 Which is the best order of the sentences (A) ~ (C)?

① (A)–(B)–(C)　　　　② (B)–(A)–(C)

③ (B)–(C)–(A)　　　　④ (C)–(A)–(B)

⑤ (C)–(B)–(A)

2 Which of the following is NOT true about Ashima Shiraishi?

① She spends her weekends doing her homework.

② She began rock climbing when she was young.

③ She completed a V15 climb when she was thirteen.

④ She has set some records for rock climbing.

⑤ She does not think she is very special.

3 Why is rock climbing dangerous?

➡ _____

4 Find the word in the passage which has the given meaning.

> *n.* the ability to do a physical activity for a long period of time

_____

Summary　Fill in the blanks by using the words below.

strength	turning	talented	youngest

Ashima Shiraishi started rock climbing when she was six and was quite _____. Rock climbing is dangerous and requires great _____, endurance, and focus. In 2016, she became the _____ person in the world to complete a V15 climb. She did that one week before _____ fourteen. Even though Shiraishi is talented, she thinks of herself as a regular teen.

A 다음 문장을 밑줄 친 부분에 유의하여 우리말로 해석하시오.

1 It is a small plastic ball <u>large enough</u> for a hamster.

_____

2 Zombie movies are <u>as scary as</u> any horror movies.

_____

3 Eating nuts is a great way <u>for people</u> to reduce their chances of getting cancer.

_____

4 Most teens <u>spend their weekends hanging</u> out with their friends.

_____

B 우리말과 같은 뜻이 되도록 주어진 말을 바르게 배열하시오.

1 그것이 어떤 느낌일지 당신은 궁금하게 여겨 본 적이 있는가?

Have you ever wondered _____?

(feel, what, would, like, that)

2 그들의 유일한 목표는 인간과 같은 살아 있는 생물을 먹기 위해 그것을 찾는 것이다.

Their only objective is to find living creatures such as humans _____.

(them, order, to, in, eat)

3 그것은 가장 맛있는 간식 중 일부이고 당신을 건강하게 유지시켜 줄 수 있다.

They are _____.

(you, snacks, some, healthy, the, can, tastiest, keep, and, of)

C 우리말과 같은 뜻이 되도록 빈칸에 알맞은 말을 쓰시오.

1 요즈음에는 조빙이 뉴질랜드의 테마파크에서 인기를 얻고 있다.

These days, zorbing is _____ _____ at theme parks in New Zealand.

2 그것은 몇몇 암과 관련된 부종을 줄이는 데 효과적이다.

They are effective at reducing swelling _____ _____ some cancers.

3 그녀는 자신을 평범한 십대라고 생각하는 것을 좋아한다.

She likes to _____ _____ herself _____ a regular teen.

제목

유형 소개

2문항 | 2점 | 난이도 ★★☆

글의 중심 내용을 가장 잘 나타내는 제목을 찾는 유형이다. 제목은 주제와 마찬가지로 글에 제시된 핵심어를 그대로 담고 있는 경우도 있지만, 글의 중심 내용을 은유적으로 표현하거나 또는 함축적으로 표현할 수도 있다.

유형 공략

Step 1 주제문이나 중심 소재를 통해 글의 주제를 파악한다.
Step 2 글 속에서 자주 등장하는 어구를 통해서 글의 내용을 정확히 파악한다.
Step 3 글 전체의 내용을 포괄할 수 있는 제목을 선택한다.

 유형 도전 다음 글의 제목으로 가장 적절한 것은?

Every culture has its own standard when it comes to determining how much personal space people require. This refers to the "bubble" of space between two people speaking to each other. In Northern Europe, these bubbles are quite large, but as you go south to France, Italy, Greece, and Spain, the expected size decreases. A space which is considered "intimate" in Northern Europe, or for Americans of Northern European origin, would be considered normal conversing distance between bodies in Southern Europe. In Japan and China, people accept levels of crowding in public spaces that would be considered unacceptable in Europe or North America. A violation of these norms—being too close or too far apart—may produce a feeling of discomfort whether you are conscious of it or not.

① Why Did Our Ancestors Develop Personal Bubbles?
② Cultural Differences in the Sizes of Personal Bubbles
③ Significant Individual Differences in Personal Space
④ The Importance of Keeping Our Personal Spaces Safe
⑤ What Happens When You Invade Others' Personal Spaces

 변형 문제 윗글에서 공간 버블이 가장 큰 곳으로 언급된 곳을 고르시오.

_____

 Words & Phrases

standard 기준 | **personal** 개인적인 | **intimate** 친밀한 | **normal** 보통의 | **converse** 대화하다 | **violation** 위반 | **norm** 기준 |
conscious 의식하는

Chapter 04

13 **Puppy Parents**

꼬물꼬물 안내견 후보 강아지 돌보기

14 **Four Seasons of Colors in Hitachi Seaside Park**

사계절 다른 꽃으로 아름다운 공원

15 **The Sunshine Vitamin**

태양이 주는 비타민

16 **Stolpersteine in Berlin**

유대인 학살에 대한 특별한 반성

Structures

- They **get used to being** with people at places such as restaurants.
- In that case, you **had better** visit the park in October.
- It **lets the body absorb** calcium and phosphorus.
- You ask the guide **what that block is**. 능률(김), 천재(김)

Vocabulary Preview

13 | Puppy Parents

☐ point at	~을 가리키다	☐ provide A for B	B에게 A를 제공하다
☐ vest	n. 조끼	☐ socialize	v. 사회화시키다
☐ service dog	장애인 안내견	☐ command	n. 명령어
☐ assist	v. 돕다	☐ fortunately	adv. 운 좋게
☐ disabled	a. 장애를 가진	☐ afterward	adv. 후에, 나중에
☐ volunteer	n. 자원 봉사자		

14 | Four Seasons of Colors in Hitachi Seaside Park

☐ take a trip	여행을 가다	☐ vacation	v. 휴가를 보내다
☐ instead of	~하는 대신에	☐ in that case	그런 경우에
☐ definitely	adv. 분명히	☐ a wide variety of	매우 다양한
☐ be well known for	~으로 잘 알려져 있다	☐ crowded	a. 붐비는
☐ bloom	v. 꽃을 피우다	☐ be sure to-v	반드시 ~하다
☐ intend to-v	~할 작정이다		

15 | The Sunshine Vitamin

☐ nearly	adv. 거의	☐ several	a. 몇몇의, 여러 가지의
☐ exposure	n. 노출	☐ effort	n. 노력
☐ development	n. 발달, 성장	☐ fortified	a. 강화된
☐ absorb	v. 흡수하다	☐ consume	v. 먹다; 소모하다
☐ have a chance of -ing	~할 가능성이 있다	☐ ultraviolet	a. 자외선의
☐ up to	(최대) ~까지	☐ emit	v. 내뿜다

16 | Stolpersteine in Berlin

☐ cobblestone road	자갈길	☐ shovel	n. 삽
☐ measure	v. (치수·길이 등이) ~이다	☐ serve as	~의 역할을 하다
☐ stumble	v. 발이 걸리다	☐ reminder	n. 상기시키는 것
☐ dominate	v. 지배하다	☐ install	v. 설치하다
☐ oppose	v. 반대하다	☐ continent	n. 대륙

13 Puppy Parents

A woman and a puppy walk through a hotel lobby. Some children want to play with it. "I'm sorry," says the woman, "but you shouldn't touch the dog." She points at the vest on her dog. It reads "Service Dog in Training." The woman says, "I'm a puppy parent, and I'm helping this dog learn the skills it needs to assist a disabled person later." 5

Puppy parents are volunteers who help train future service dogs when they are around eight weeks old. (①) The parents keep the puppies for the next ten to twelve months. (②) They provide a loving and caring environment for their puppies. (③) The parents help socialize the puppies so that they get used to being with people at places such 10 as restaurants and on buses and subways. (④) They teach the puppies simple commands such as, "Sit," "Stay," and, "Come." (⑤) And they make sure the puppies run around and stay healthy.

When the puppies are ready to get trained, they leave their parents and go to school. It is a 15 sad time for their parents. <u>Fortunately, new puppies arrive soon afterward, so the volunteers get new animals to work.</u>

Structures

10행 **be/get used to -ing**

be used to -ing는 '~하는 것에 익숙하다'라는 뜻이고, get used to -ing는 '~하는 것에 익숙해지다'라는 뜻이다. 이때 to는 전치사이므로 뒤에 동명사나 명사가 온다는 것에 주의한다.

ex Jason used to live in Africa. He **is used to living** in a hot climate.
Jason은 아프리카에 살았었다. 그는 더운 기후에 사는 것에 익숙하다.

It was strange at first, but I'm **getting used to it**.
그것은 처음에는 이상했지만 나는 그것에 익숙해지고 있다.

1   글의 목적으로 가장 적절한 것은?

① to explain what puppy parents do

② to describe the roles of service dogs

③ to show how service dogs get trained

④ to discuss why people become puppy parents

⑤ to mention how people become puppy parents

2   글의 흐름으로 보아, 주어진 문장이 들어가기에 가장 적절한 곳은?

> Puppy parents assist their puppies in numerous ways.

①   ②   ③   ④   ⑤

3   **Write T if the statement is true or F if it is false.**

(1) Puppy parents take care of puppies for around eight weeks.   _____

(2) The puppies learn to obey simple commands from their
puppy parents.   _____

4   글의 내용과 일치하도록 다음 질문에 답하시오.

Q Where do the puppies need to get used to being with people?

A _____

5   밑줄 친 문장에서 <u>틀린</u> 곳을 찾아 바르게 고치시오.

_____ → _____

  퍼피 워킹 (Puppy Walking)
시각장애인이나 청각장애인의 안내견이 될 강아지를 생후 7주부터 1년 동안 자신의 집에서 돌봐 주는 자원 봉사 활동을 하는 사람들을 퍼피 워커(puppy walker)라 한다. 이들 예비견들은 1년 동안 일반 가정에서 실내 생활에 필요한 정보를 습득하면서 기본적인 훈련을 받는다. 개들은 퍼피 워커에게 훈련을 받은 후 학교로 돌아가서 자격 심사를 거친 후 다시 특수 훈련 과정을 거쳐서 본격적인 장애인의 안내를 맡을 수 있다.

14 Four Seasons of Colors in Hitachi Seaside Park

Place | 199 words | ★★☆

Imagine this: your friend takes a trip in each of the four seasons. But instead of traveling to four different places, he goes to the same place each time. When you ask him why, he says 5 that he can see something new each time he goes there. Is this possible? If your friend is visiting Hitachi Seaside Park in Japan, @it is definitely possible.

The park is well known for the beautiful flowers which bloom there throughout the year. If you intend to vacation 10 there, think about _____ first. Then, you can plan your trip. For instance, if you like the color blue, you should visit the park between April 29 and May 5. That is when the light-blue colored *nemophila flowers bloom. But what if you prefer red? In that case, you had better visit the park in October. That is when the green 15 *kochia flowers suddenly change to become bright red.

Visitors can see a wide variety of colors in different months of the year. But the park is always crowded, so you should be sure to arrive early. That way, you can be sure to experience the beauty of Hitachi Seaside Park.

*nemophila 네모필라 *kochia 코키아(댑싸리) 20

Structures

15행 조동사 had better

had better는 '~하는 것이 좋겠다'라는 뜻으로 상대방에게 충고를 할 때 쓴다. had better의 부정형은 had better not을 사용한다.

ex You **had better** take your umbrella with you. 너는 우산을 가져가는 게 좋겠다.
You **had better not** leave your bag there. Someone might steal it.
너는 거기에 네 가방을 두지 않는 게 좋겠어. 누군가 그걸 훔쳐갈지도 몰라.

1 글의 주제로 가장 적절한 것은?

① the most popular park in Japan

② colorful flowers around the world

③ planning a trip to a Japanese park

④ how to get to Hitachi Seaside Park

⑤ the reason Hitachi Seaside Park is so popular

2 글의 빈칸에 들어갈 말로 가장 적절한 것은?

① what your favorite color is

② what your favorite flower is

③ what your favorite season is

④ what your favorite month is

⑤ what your favorite country is

3 Which CANNOT be answered based on the passage?

① Where is Hitachi Seaside Park located?

② Which flowers bloom in the park in early May?

③ How much is admission to the park?

④ When do the kochia flowers change colors?

⑤ How busy is the park throughout the year?

4 글의 밑줄 친 ⓐit이 가리키는 것을 우리말로 쓰시오.

_____

5 글의 내용과 일치하도록 빈칸에 알맞은 단어를 본문에서 찾아 쓰시오.

The best time to visit the park for people who like the color _____ is between April 29 and _____.

15

The Sunshine Vitamin

Many countries in Europe are located in the far north. They include Sweden, Finland, Norway, and Russia. In these places, there is little sunshine for nearly half the year. _____, many people living there do not get enough vitamin D in their bodies. This is creating problems for them.

Vitamin D, also known as the sunshine vitamin, is ①created by exposure to the sun. It assists in the development of bones and lets the body absorb calcium and *phosphorus. This enables the bones to grow stronger. ②Without vitamin D, people have a greater chance of developing heart disease, cancer, and other problems.

Up to 70% of people in Europe do not get enough vitamin D. So there are several efforts to ③reduce the amount of vitamin D they get. One way is to change people's ④diets. People are being encouraged to have more fish, egg yolks, fortified milk, and beef liver. By consuming these foods, people's bodies can create enough vitamin D. In Russia, some people are actually exposed to low levels of ultraviolet light. A machine emits low amounts of ultraviolet light. It ⑤imitates the sun's light, so it causes people's bodies to create vitamin D.

*phosphorus 인(비금속 원소)

Structures

8행 사역동사＋목적어＋동사원형

let, make, have와 같은 사역동사는 5형식 문장에서 목적격 보어로 동사원형이 온다.

ex My parents **let me stay** up late on the weekend.
부모님은 내가 주말에 늦게까지 깨어 있는 것을 허락하신다.

We cannot **make her do** it if she does not want to.
그녀가 원하지 않는다면 우리는 그녀에게 그것을 하게 시킬 수 없다.

1 글의 빈칸에 들어갈 말로 가장 적절한 것은?

① In addition ② As a result ③ For example
④ In other words ⑤ On the contrary

수능형 2 글의 밑줄 친 부분 중, 문맥상 낱말의 쓰임이 적절하지 <u>않은</u> 것은?

① ② ③ ④ ⑤

3 글에서 유럽 사람들이 비타민 D를 얻을 수 있는 방법으로 언급된 것을 <u>모두</u> 고르시오.

① 보충제를 먹는다.
② 해변에서 일광욕을 한다.
③ 기계에서 나오는 자외선을 쬔다.
④ 자외선 차단제를 바르지 않는다.
⑤ 비타민 D가 풍부한 음식을 섭취한다.

서술형 4 글의 내용과 일치하도록 빈칸에 알맞은 단어를 본문에서 찾아 쓰시오.

> Also called the _____ vitamin, vitamin D keeps your _____ strong by helping your body absorb _____ and phosphorus.

서술형 5 Find the word in the passage which has the given meaning.

> *n.* the act of coming into contact with something else

_____

16 Stolpersteine in Berlin

You are in Berlin, Germany, walking along one of its cobblestone roads. You notice a concrete block ⓐ<u>measure</u> around ten by ten centimeters. You look down and see a person's name 5 along with two dates—a birthdate and a death date—on it. Curious, you ask the guide what that block is.

It is a stolperstein, which means "stumbling stone" in German. Each block honors a person who was killed by the Nazis. The Nazi Party dominated Germany from 1933 to 1945. Led by Adolf Hitler, they killed 10 millions of people who they opposed or disliked in Europe. In 1996, an artist named Gunter Demnig decided to honor some of the people ⓑ<u>kill</u> by the Nazis, so he started the Stolperstein Project.

He places stolpersteine in front of places where people last lived before they were taken away by the Nazis. Using a shovel and cement, 15 he puts stones in streets so that they can serve as reminders of what happened in the past. Today, there are more than 7,000 stolpersteine in Berlin. Demnig also installs them throughout Europe. There are now around 60,000 in cities and towns across the continent.

Structures

14행 관계부사 where

선행사(places)가 장소를 나타내므로 관계부사 where를 쓴다. 관계부사가 이끄는 형용사절은 관계대명사와 마찬가지로 앞에 있는 명사를 수식한다.

ex That's the restaurant **where** I met him for the first time. 저기가 내가 그를 처음으로 만났던 음식점이다.
The house **where** Mozart was born is now a museum. 모차르트가 태어났던 집은 지금은 박물관이다.

1   **What is the best title for the passage?**

① Who Is Gunter Demnig?

② The Nazis and Adolf Hitler

③ How to Make a Stolperstein

④ Stones That Are Found in Berlin

⑤ Stolpersteine: A Way to Honor the Dead

수능형
2   **Which of the following is NOT true of stolpersteine?**

① They are made of concrete.

② They explain how people died.

③ They were created by Gunter Demnig.

④ They are put where people lived before being taken away.

⑤ There are thousands of them in Berlin.

서술형
3   **What is written on each stolperstein?**

➜ _____

서술형
4   **Write the grammatically correct forms of ⓐ and ⓑ.**

ⓐ _____

ⓑ _____

Summary

Fill in the blanks by using the words below.

Nazis	taken away	concrete blocks	honors

Stolpersteine are _____ with a person's name, birthdate, and death date on them. Gunter Demnig started the Stolperstein Project. It _____ people killed by the _____ in Germany. He puts stolpersteine in roads in front of places where people last lived before they were _____ by the Nazis. Today, there are more than 7,000 stolpersteine in Berlin.

A 다음 문장을 밑줄 친 부분에 유의하여 우리말로 해석하시오.

1 They get used to being with people at places such as restaurants.

_____

2 In that case, you had better visit the park in October.

_____

3 It lets the body absorb calcium and phosphorus.

_____

4 You ask the guide what that block is.

_____

B 우리말과 같은 뜻이 되도록 주어진 말을 바르게 배열하시오.

1 그들은 강아지에게 "앉아," "가만히 있어," "이리와." 같은 간단한 명령어를 가르친다.

They _____ such as, "Sit," "Stay," and, "Come."
    (the puppies, commands, simple, teach)

2 그 공원은 항상 붐비므로 반드시 일찍 도착해야 한다.

_____ , so you should be sure to arrive early.
    (park, always, crowded, the, is)

3 Gunter Demnig라는 이름의 화가는 나치에 의해 살해된 사람들을 기리기로 결심했다.

_____ decided to honor people killed by the Nazis.
    (named, an artist, Gunter Demnig)

C 우리말과 같은 뜻이 되도록 빈칸에 알맞은 말을 쓰시오.

1 그들은 강아지에게 애정 어리고 보살펴 주는 환경을 제공한다.

They _____ a loving and caring environment _____ their puppies.

2 그 공원은 1년 내내 그곳에서 피는 아름다운 꽃들로 잘 알려져 있다.

The park _____ _____ _____ _____ the beautiful flowers
which bloom there throughout the year.

3 러시아에서 몇몇 사람들은 실제로 소량의 자외선에 노출된다.

In Russia, some people _____ actually _____ _____ low levels of
ultraviolet light.

지칭 추론

유형 소개

2문항 | 2점 | 난이도 ★★☆

밑줄 친 부분이 가리키는 대상이 다른 하나를 고르는 문제 유형이다. 일화를 다루는 글감이 주로 제시되며, 두 명 이상의 여성 또는 두 명 이상의 남성이 등장한다. 각 등장인물이 어떤 행동을 하는지를 정확하게 파악해야 한다.

유형 공략

Step 1 글 속에서 벌어지고 있는 사건이나 줄거리를 파악한다.
Step 2 등장인물의 인원과 그들이 하는 행동을 파악한다.
Step 3 밑줄 친 부분이 가리키는 대상을 확인한다.

유형 도전 밑줄 친 부분이 가리키는 대상이 나머지 넷과 <u>다른</u> 것은?

The Ali family recently arrived in the U.K. from Somalia. Along with Mr. and Mrs. Ali, there are five children ranging from the ages of two to thirteen. They are presently being helped by a charity. Adila, a social worker, begins regular weekly visits to Mrs. Ali. Over time, ①she notices how much Mrs. Ali looks forward to her visits and also how uncomfortable Mr. Ali is toward ②her presence. On one visit when Mrs. Ali was alone in the flat, Adila was completely surprised when Mrs. Ali burst into tears. When ③she asked what the matter was, Mrs. Ali asked her first to promise her that ④she would not tell anyone as this information would bring shame to her. Mrs. Ali then explained that her husband spent almost all of the *benefit payments and left ⑤her without enough money for the family's needs.

*benefit payment 정부 보조금

변형 문제 윗글에서 Ali 부인의 고민이 무엇인지 우리말로 쓰시오.

_____

recently 최근에 | **range** 범위에 걸치다 | **presently** 현재 | **charity** 자선단체 | **social worker** 사회 복지사 | **regular** 정기적인 | **notice** 알아차리다 | **presence** 존재 | **completely** 완전히 | **burst into tears** 갑자기 눈물을 터뜨리다 | **shame** 수치심

Chapter 05

17 **The Festival of Tihar**
동물을 숭배하는 네팔의 최대 축제

18 **Changing Ideas, Changing Words**
시간의 흐름에 따라 뜨고 지는 '말말말'

19 ***The Roaring Lion***
처칠의 레전드 사진을 찍은 사람, 나야 나!

20 **F1 and the Monaco Grand Prix**
세계에서 가장 빠른 질주

<u>Structures</u>

- It **is known as** the festival of lights.
- They say that their right to free speech **is being banned**. 금성
- In a bad mood, Churchill had no desire to **have his picture taken**. 능률(김)
- This **makes the Monaco Grand Prix the crown jewel** of F1 racing.

Vocabulary Preview

17 | The Festival of Tihar

□ festival	n. 축제	□ forehead	n. 이마
□ crow	n. 까마귀	□ object	n. 대상; 목적
□ worship	v. 숭배하다	□ devotion	n. 헌신, 숭배
□ homeless	a. 집이 없는	□ set out	진열하다
□ mark	n. 표시	□ treat	n. (자주 먹지 못하는) 맛있는 음식
□ respect	n. 존경	□ four-legged	a. 네 발 달린

18 | Changing Ideas, Changing Words

□ manmade	a. 인공의, 인간이 만든	□ inclusive	a. 포괄적인
□ structure	n. 구조물	□ artificial	a. 인공적인
□ banned	a. 금지된	□ fairness	n. 공정함
□ punish	v. 처벌하다	□ human resources	인적 자원
□ term	n. 용어	□ be opposed to	~에 반대하다
□ unconsciously	adv. 무의식적으로	□ engage in	~에 관여하다
□ be biased against	~에 대해 편견을 가진	□ regarding	prep. ~와 관련하여

19 | *The Roaring Lion*

□ roar	v. 으르렁거리다	□ grab	v. 잡아채다, 움켜잡다
□ agree to-v	~하는 것을 승낙하다	□ snap	v. 사진을 찍다
□ speech	n. 연설	□ appear to-v	~인 것 같다
□ in a bad mood	기분이 나쁜	□ snarl at	~에게 으르렁거리다
□ have no desire to-v	~할 생각이 없다	□ capture	v. 포착하다, 담아내다
□ refuse to-v	~을 거부하다	□ defiance	n. 저항

20 | F1 and the Monaco Grand Prix

□ scenic	a. 경치가 좋은	□ luxury	n. 사치품; 호화로움
□ premier	a. 최고의	□ docked at	(항구·부두에) 정박된
□ achieve	v. 달성하다, 얻어내다	□ pier	n. 부두
□ in excess of	~을 초과하여	□ winding	a. 구불구불한
□ zoom	v. 쌩 하고 가다	□ rely upon	~에 의존하다
□ compete	v. 경쟁하다	□ fortune	n. 부

17 The Festival of Tihar

Every fall, there is a five-day Hindu festival called Diwali. It is known as the festival of lights. In Nepal, Diwali is called Tihar. On the first three days of the festival, the Nepalese people honor 5 different animals. For instance, on the first day, people honor crows. On the third day, they honor cows. And on the second day of Tihar, they honor dogs.

The second day of the festival is called Kukur Tihar in Nepal. When the Nepalese people worship dogs on that day, they do a variety of things 10 for the animals. First, they take *wreaths of flowers and put them around the neck of every dog. They even do this for homeless dogs. The necklace is called a *malla* and is a mark of respect.

Next, they make a red mark called a *tika* on the forehead of every dog in the country. It shows that the dog is an object of devotion. For 15 dogs, the best part of Kukur Tihar is the food. The people of Nepal set out eggs, meat, dogfood, and other tasty treats for ⓐ their four-legged friends. On this day, the dogs of Nepal eat like kings.

*wreath 화환, 화관

Structures

2행 **be known as vs. be known for**
be known as는 '～으로 알려져 있다'라는 뜻이고, be known for는 '～으로 유명하다'라는 뜻이다.
ex New York City **is known as** the Big Apple.
뉴욕시는 Big Apple로 알려져 있다.
New York City **is known for** the Statue of Liberty.
뉴욕시는 자유의 여신상으로 유명하다.

1 글의 주제로 가장 적절한 것은?

① how Tihar is celebrated

② the time when Tihar is held

③ a festival day for Nepalese dogs

④ the importance of Nepalese festivals

⑤ the reason the Nepalese people love dogs

2 다음 중 Tihar 기간 동안 숭배되는 동물을 <u>모두</u> 고르시오.

① 까마귀　　　　　　② 암소　　　　　　③ 고양이

④ 개　　　　　　　　⑤ 황소

3 Kukur Tihar에 관한 글의 내용과 일치하지 <u>않는</u> 것은?

① Tihar의 둘째 날에 열린다.

② 개를 숭배하는 날이다.

③ 개의 목에 화환을 걸어 준다.

④ 개의 꼬리에 *tika*라는 빨간 점을 찍는다.

⑤ 개에게 맛있는 음식을 차려 준다.

4 글의 밑줄 친 ⓐtheir four-legged friends가 가리키는 것을 영어로 쓰시오.

_____

5 Fill in the blanks with words from the passage.

_____ is a five-day festival in Nepal. During the festival, the Nepalese people worship different _____.

18 Changing Ideas, Changing Words

Language | 190 words | ★ ★ ☆

One day, you say, "The Eiffel Tower is a manmade structure." Then, a person tells you, "You can't say that. You just used banned language. You're going to get punished." Why will you get punished? The reason is that you used the word "manmade." 5

At Cardiff Metropolitan University, a school in the United Kingdom, certain terms have been banned from use. According to the university, many words that people unconsciously use _____. They want people to use "more inclusive, gender-neutral language." Thus words such as *manmade*, 10 *sportsmanship*, *fireman*, and *manpower* have been banned. Instead, students should use terms such as *artificial*, *fairness*, *firefighter*, and *human resources*.

The school claims it has the right to punish students and staff members who use these banned terms. But many people are opposed to 15 the school's actions. They claim the university is engaging in censorship. They say that their right to free speech is being banned.

However, others say that as society changes, the language that people use will also change. Therefore, people should be more sensitive to the feelings of others. How about you? What is your opinion regarding this? 20

Structures

17행 **현재진행 수동태**

현재 진행 중인 동작을 수동태로 표현할 때 현재진행 수동태를 사용한다. 「am/are/is+being+p.p.」의 형태로 나타내며, '~되고 있는 중이다'라고 해석한다.

ex The hall **is being painted** now. 복도는 지금 페인트칠이 되고 있는 중이다.

Our computers **are being attacked** by hackers. 우리 컴퓨터들은 해커들의 공격을 받고 있는 중이다.

1 글의 제목으로 가장 적절한 것은?

① Words in English That Have "Man"

② Should We Punish Students for Words?

③ Efforts by the Government to Ban Words

④ One School's Attempt to Ban Certain Words

⑤ The Relationship Between Language and Gender

2 글의 빈칸에 들어갈 말로 가장 적절한 것은?

① hurt the feelings of others

② reveal our language habits

③ are biased against women

④ have a huge impact on others

⑤ violate people's freedom of expression

3 다음 중 Cardiff Metropolitan University에서 사용 금지된 단어가 <u>아닌</u> 것은?

① manmade   ② sportsmanship

③ human resources ④ fireman

⑤ manpower

4 글의 내용과 일치하도록 다음 질문에 답하시오.

Q What does the school want people to do by banning certain terms?

A It wants people to use _____.

5 Find the word in the passage which has the given meaning.

> *n.* the act of preventing people from reading or saying certain words, works, or ideas

_____

19 *The Roaring Lion*

Sir Winston Churchill
1941
Yousuf Karsh
A R T

In 1941, World War II ① started two years earlier and was going badly for Great Britain. British *Prime Minister Winston Churchill was leading the fight for his country, but he was unhappy with the situation. In the middle of the war, he visited Canada to speak to the Canadian *Parliament. Churchill agreed ② to sit for a photograph after his speech.

In a bad mood, Churchill had no desire to have his picture taken. Churchill told the photographer, Yousuf Karsh, that he had two minutes to take the picture. Then, he sat down and began smoking a cigar ③ while waiting for Karsh. Karsh was ready to take his picture, but Churchill refused to put the cigar down.

④ Saying, "Forgive me, sir," Karsh approached Churchill, grabbed the cigar from his hand, and ran back to his camera. Then, he snapped a picture. In it, Churchill appears ⑤ to be snarling at the camera. It was an instant hit and became a legendary photo. People felt it captured the defiance of Churchill and Great Britain during the war. Churchill even told Karsh, "You can even ___으르렁거리는 사자를 사진 찍기 위해 가만히 있게 만들다___," so he called it *The Roaring Lion*.

*Prime Minister 총리, 수상 *Parliament 의회

5

10

15

20

Structures

9행 **have+목적어+과거분사**
「have+목적어+과거분사(목적격보어)」는 '(다른 사람에 의해) ~가 …되게 하다'라는 의미로, 목적어와 목적격보어가 수동의 관계이다.
ex I'm going to **have my computer repaired** next week. 나는 다음 주에 내 컴퓨터를 수리 맡길 예정이다.
My brother usually **has his hair cut** once a month. 내 남동생은 보통 한 달에 한 번 머리를 자른다.

62 내공 고등영어독해 **입문**

1 글의 밑줄 친 부분 중, 어법상 **틀린** 것은?

① ② ③ ④ ⑤

2 Winston Churchill에 관해 글을 통해 알 수 있는 것은?

① He enjoyed smoking cigars.
② He liked being photographed.
③ He made several visits to Canada.
④ He was unpopular during World War II.
⑤ He was a very impressive public speaker.

3 Write T if the statement is true or F if it is false.

(1) Churchill enjoyed shooting the photograph from beginning to end. _____

(2) Karsh's photo of Churchill captured his determined expression. _____

 4 밑줄 친 우리말과 같은 뜻이 되도록 주어진 단어를 바르게 배열하시오.

(to be photographed, a roaring lion, make, stand still)

→ _____

 5 글의 내용과 일치하도록 다음 질문에 답하시오.

Q What is the photograph of Churchill that Karsh took called?

A _____

 윈스턴 처칠 (Winston Churchill)
윈스턴 처칠 경은 영국 말버러 공작 가문의 후손으로 제 1차 세계 대전에 처칠은 해군 장관으로서 독일과의 전쟁에 대비하였다. 이후에도 처칠은 점차 독일의 위협에 주의를 기울여 영국의 재무장을 주창했으나, 이는 번번이 무시되었다. 그러나 전쟁이 발발하자 여론은 처칠의 공직 복귀를 요구하며 들끓었고, 1940년 마침내 세계 대전의 포화 속에서 영국을 구해낼 사명을 안고 총리직에 오른다. 이때 그가 의회에서 한 "나는 여러분께 피, 수고, 눈물, 그리고 땀밖에는 달리 드릴 것이 없습니다."라는 연설은 역사에 길이 남는 명연설이 되었다. 그는 '현존하는 최대의 영국인'으로 추앙 받으며 1965년 런던에서 조용히 눈을 감았다.

F1 and the Monaco Grand Prix

Monaco is a tiny country ⓐ<u>locate</u> in the French Riviera in Europe. It has many beautiful and scenic places, so tourists often visit it. Once a year, it becomes more crowded than normal. 5 Huge numbers of people arrive to watch the Monaco Grand Prix, the premier event in Formula One, or F1, racing.

① F1 cars can achieve speeds in excess of 370 kilometers per hour as they zoom around the track. ② However, they cannot drive that fast in Monaco because they do not drive on a course. ③ Monaco is one 10 of the smallest countries in the world. ④ Instead, the race car drivers compete on the streets of Monaco. ⑤ So the F1 drivers speed past luxury yachts docked at piers, ancient buildings, tall apartments, and other scenic places in Monaco.

The streets of Monaco are winding and narrow, so the drivers must 15 rely upon their skill to win. This, ⓑ<u>combine</u> with the beautiful scenery, makes the Monaco Grand Prix the crown jewel of F1 racing. Drivers who win there gain instant fame and fortune.

Structures

17행 **make + 목적어 + 목적격보어**

make가 5형식 문장에서 쓰일 때 목적격보어로 명사나 형용사가 올 수 있다. 해석은 '~을 …하게 만들다'라고 한다.

ex It was this song that **made her a worldwide star.** 〈명사〉
그녀를 세계적인 스타로 만든 것은 바로 이 노래였다.

Walking all day **made me** very **tired.** 〈형용사〉
하루 종일 걷는 것은 나를 매우 지치게 만들었다.

1   **What is the best title for the passage?**

① What to Do in Monaco

② The Crown Jewel of F1 Racing

③ A Day at the Monaco Grand Prix

④ Driving on the Streets of Monaco

⑤ Last Year's Monaco Grand Prix Winner

수능형
2   **Which sentence does NOT fit in the passage?**

①   ②   ③   ④   ⑤

서술형
3   **Why do the drivers at the Monaco Grand Prix need skill to win?**

→ Because _____

서술형
4   **Write the grammatically correct forms of ⓐ and ⓑ.**

ⓐ _____

ⓑ _____

Summary   Fill in the blanks by using the words below.

scenic	fortune	Grand Prix	Formula One

Every year, people visit Monaco to watch the Monaco _____. It is the premier event in _____ racing. Drivers race on the streets of Monaco. They speed past yachts, ancient buildings, tall apartments, and other _____ places. Monaco's streets are narrow and winding. So drivers must use skill to win. The winners gain instant fame and _____.

A   다음 문장을 밑줄 친 부분에 유의하여 우리말로 해석하시오.

1   It is <u>known as</u> the festival of lights.

_____

2   They say that their right to free speech <u>is being banned</u>.

_____

3   In a bad mood, Churchill had no desire to <u>have his picture taken</u>.

_____

4   This <u>makes the Monaco Grand Prix the crown jewel</u> of F1 racing.

_____

B   우리말과 같은 뜻이 되도록 주어진 말을 바르게 배열하시오.

1   네팔에서 Diwali는 Tihar라고 불린다.

In Nepal, _____.

(is, Tihar, Diwali, called)

2   사진 속에서 Churchill은 카메라에 대고 으르렁거리고 있는 것 같다.

In it, Churchill _____.

(the, snarling, at, be, to, camera, appears)

3   F1 경주용 자동차들은 트랙을 질주할 때 시속 370킬로미터가 넘는 속도를 낼 수 있다.

F1 cars can achieve speeds in excess of 370 kilometers per hour _____.

(zoom, track, they, as, the, around)

C   우리말과 같은 뜻이 되도록 빈칸에 알맞은 말을 쓰시오.

1   그러나 많은 사람들은 그 학교의 조치에 반대한다.

But many people _____ _____ _____ the school's actions.

2   Churchill은 시가를 내려놓기를 거부했다.

Churchill _____ _____ put the cigar down.

3   운전자들은 우승하기 위해 자신들의 기량에 의존해야 한다.

The drivers must _____ _____ their skills to win.

유형 소개

1문항 | 2점 | 난이도 ★★☆

글의 흐름상 알맞은 어휘를 선택하는 문제 유형이다. 세 개의 네모 안에 제시된 두 개의 어휘 중 알맞은 것을 고르는 유형과 다섯 개의 밑줄 친 부분 중 문맥상 적절하지 않은 어휘를 고르는 유형 두 가지가 있다. 적절한 어휘 대신 반의어나 철자가 비슷한 어휘를 제시하는 경우가 많다.

유형 공략

Step 1 글을 읽으면서 소재와 주제를 정확히 파악한다.
Step 2 제시된 네모 또는 밑줄 친 부분의 전후 관계를 파악하고 적절한 어휘를 선택한다.
Step 3 선택한 어휘가 글의 흐름상 자연스러운지 확인한다.

 (A), (B), (C)의 각 네모 안에서 문맥에 맞는 낱말로 가장 적절한 것은?

> Children aged 2 to 5 should be eating a balanced diet. They should now be drinking full fat milk and eating plenty of cheese for their fat and calcium intake. Children at this stage can often (A) accept / refuse new foods, preferring to eat the same old familiar foods over and over again. Simple approaches for overcoming ⓐthis involve getting them to eat with other children and eating different foods yourself in front of them. Some children seem to go through this stage when they hardly eat anything while others seem forever (B) full / hungry . Parents should constantly try to manage children who either eat too much or eat too little. But often these are just stages that they grow out of, and the best way to help them grow out of it is to ignore it. Making it the focus of the dinner table can often make it (C) better / worse .

	(A)		(B)		(C)
①	accept	······	full	······	better
②	accept	······	hungry	······	worse
③	refuse	······	full	······	better
④	refuse	······	hungry	······	worse
⑤	refuse	······	full	······	worse

 윗글의 밑줄 친 ⓐthis가 의미하는 바를 우리말로 쓰시오.

_____

---

balanced 균형 잡힌 | **diet** 식단 | **full fat milk** 전유 | **fat** 지방 | **calcium** 칼슘 | **intake** 섭취 | **approach** 접근 | **overcome** 극복하다 | **involve** 포함하다 | **constantly** 계속해서 | **grow out of** 자라서 ~이 없어지다

Chapter 06

21 All about the Met Gala

서부엔 아카데미 시상식, 동부엔 멧 갈라

22 Solvay Hut

아무나 못 가는 구름 위의 오두막

23 The World's Largest Air Purifier

미세먼지 흡입, 내게 맡겨 봐!

24 Hawaiian Pizza

피자 위에 파인애플 토핑, 좋아?! 싫어?!

<u>Structures</u>

- **All you need to do is** visit a museum in New York City. YBM(한)
- It is located on the Matterhorn, **one of the highest mountains** in the Alps. 능률(김), 동아
- In recent years, China has industrialized, **which** has helped its economy grow. 천재(김), 지학사
- **Inspired by Chinese culture**, Panopoulos decided to put pineapple on top of pizzas. 능률(김), YBM(박)

Vocabulary **Preview**

21 | **All about the Met Gala**

☐ professional	a. 프로의	☐ theme	n. 주제
☐ athlete	n. 운동선수	☐ dress up	옷을 차려 입다
☐ probably	adv. 아마도	☐ look like	~처럼 보이다
☐ either	a. 둘 중 어느 하나의	☐ android	n. 안드로이드, 인조 인간
☐ officially	adv. 공식적으로	☐ in attendance	참석한
☐ benefit	n. 자선행사	☐ glamorous	a. 화려한

22 | **Solvay Hut**

☐ hut	n. 오두막	☐ shape	v. (어떤) 모양으로 만들다
☐ range	n. 산맥, 산줄기	☐ room	n. 자리, 공간
☐ peak	n. 봉우리	☐ emergency	n. 비상 (사태)
☐ challenging	a. 도전 의식을 북돋우는	☐ spectacular	a. 장관을 이루는
☐ shelter	n. 대피소	☐ scenery	n. 경치
☐ expose	v. 드러내다, 노출시키다	☐ on one's way up to	~로 올라가는 도중에
☐ injured	a. 부상을 입은, 다친	☐ isolated	a. 고립된

23 | **The World's Largest Air Purifier**

☐ air purifier	공기 청정기	☐ suck in	~을 빨아들이다
☐ industrialize	v. 산업화를 이루다	☐ design	v. 고안하다
☐ goods	n. 상품, 제품	☐ improve	v. 개선되다, 개선하다
☐ export	v. 수출하다	☐ notice	v. 알아차리다
☐ pollution	n. 오염, 공해	☐ get rid of	~을 제거하다
☐ as a result	결과적으로	☐ one day	어느 날, 언젠가

24 | **Hawaiian Pizza**

☐ order	v. 주문하다	☐ dislike	v. 싫어하다
☐ topping	n. (음식 위에 얹는) 토핑	☐ sweet and sour	달콤새콤한
☐ origin	n. 기원, 근원	☐ get used to	~에 익숙해지다
☐ immigrate	v. (다른 나라로) 이민을 오다	☐ catch on	유행하다, 인기를 얻다
☐ add A to B	A를 B에 추가하다	☐ spread	v. 퍼지다
☐ inspire	v. 영감을 주다	☐ plenty of	많은

21 All about the Met Gala

Would you like to see some of the biggest stars in the world? You can see movie stars, musicians, professional athletes, models, and many more famous people in one place. You probably imagine you need to visit Hollywood or the Cannes Film Festival to ⓐ do that. Actually, you do not have to go to either place. All you need to do is visit a museum in New York City. 5

Each year, the Metropolitan Museum of Art holds a special event. It is officially called the Metropolitan Museum of Art Costume Institute Benefit. But most people just call it the Met Gala. It is held on the first Monday each May, and it is often called the Super Bowl of Fashion. 10

The first Met Gala was held in 1946. (①) Over time, it has gained popularity. (②) For instance, in 2016, the theme was "Manus x Machina." (③) Many guests dressed up to resemble machines or objects from the future. (④) Singer Taylor Swift looked like an android from the movie *Blade Runner*. (⑤) Everyone in attendance looked glamorous. It sounds like a lot of fun, doesn't it? 15

Structures

7행 **All [(that)+주어+동사] is ~**
「All [(that)+주어+동사] is ~」에서 all은 '모두'가 아닌 '유일한 것'을 뜻하므로, 이 구문은 '~은 오직 …뿐이다'라고 해석한다. 이때 be동사의 보어 자리에 오는 to부정사는 to를 주로 생략하고 동사원형의 형태로 쓴다.

ex **All we can do is** (to) do our best. 우리가 할 수 있는 것은 최선을 다하는 것뿐이다.
All you have to do is (to) finish it within a day. 네가 해야 할 일은 하루 안에 그것을 끝내는 것뿐이다.

1 글의 주제로 가장 적절한 것은?

① clothes that look like machines

② a special event in New York City

③ clothes celebrities prefer to wear

④ the most famous people in the world

⑤ exhibitions at the Metropolitan Museum of Art

2 글의 흐름으로 보아, 주어진 문장이 들어가기에 가장 적절한 곳은?

> There is a unique theme each year, and guests are encouraged to wear clothes based on that theme.

①   ②   ③   ④   ⑤

3 **Which is NOT true about the Met Gala?**

① Many famous people attend it.

② It takes place in May each year.

③ It was first held in 1946.

④ It changes its theme every year.

⑤ It is held at a museum in Hollywood.

4 글의 밑줄 친 ⓐdo that이 가리키는 것을 우리말로 쓰시오.

_____

5 글의 내용과 일치하도록 다음 질문에 답하시오.

Q What is the Met Gala officially called?

A It is _____ .

22 Solvay Hut

The Alps are the highest mountain range in Europe. Mountaineers enjoy climbing ⓐ them, and some peaks are especially challenging. The weather in the Alps can also change suddenly. It might be sunny and calm one moment and then snowy and windy the next.

When that happens, mountain climbers need to find shelter. (A) One of these mountain huts is called Solvay Hut. (B) That is why there are mountain huts on many peaks in the Alps. (C) Exposed on a mountain, ⓑ they could easily be injured or even killed due to the weather. It is located on the Matterhorn, one of the highest mountains in the Alps. The mountain is shaped like a pyramid, which causes the weather there to change rapidly.

Solvay Hut is found 4,003 meters above sea level. It has room for ten people, who can stay there in an emergency. It also has some of the most spectacular views in the entire Alps. Countless mountain climbers have enjoyed the scenery while they rest on their way up to the top of the Matterhorn. And many of their lives have been saved by this hut located in an isolated spot on the mountain.

12행 **one of the+최상급+복수명사**

「one of the+최상급+복수명사」는 '가장 ~한 것들 중 하나'라는 뜻의 최상급 표현이다. 이때 범위를 나타내기 위해 뒤에 「in+장소」를 쓸 수 있다.

ex **One of the most popular board games** in the world is Scrabble.
세계에서 가장 인기 있는 보드게임 중 하나는 '스크래블'이다.
She was **one of the most talented writers** I've ever worked with.
그녀는 내가 이제껏 함께 일했던 가장 재능 있는 작가들 중 한 명이었다.

1 Which is the best order of the sentences (A) ~ (C)?

① (A)–(B)–(C) ② (B)–(A)–(C)

③ (B)–(C)–(A) ④ (C)–(A)–(B)

⑤ (C)–(B)–(A)

2 글을 읽고 답할 수 <u>없는</u> 질문은?

① What is the highest mountain range in Europe?

② How is the weather in the Alps?

③ Where is Solvay Hut located?

④ How high is the Matterhorn?

⑤ How many people can stay in Solvay Hut?

3 글의 내용과 일치하면 T, 그렇지 않으면 F를 쓰시오.

(1) Solvay Hut is the only mountain hut in the Alps. _____

(2) Solvay Hut is an emergency shelter which has saved
many lives. _____

 4 글의 밑줄 친 ⓐ<u>them</u>과 ⓑ<u>they</u>가 각각 가리키는 것을 본문에서 찾아 쓰시오.

ⓐ _____

ⓑ _____

 5 글의 내용과 일치하도록 다음 질문에 답하시오.

Q Why does the weather on the Matterhorn change rapidly?

A Because the mountain _____

 피라미드 모양의 산 꼭대기 마터호른 (Matterhorn)

마터호른 산은 스위스와 이탈리아 국경에 있는 산으로 높이 4,478m로 마터호른 산의 북벽은 아이거, 그랑드 조라스와 함께 알프스 3대 북벽으로 알려져 있다. 1985년에 19세기 최고의 등반가 중 한 명인 영국의 에드워드 윔퍼 (Edward Whymper)가 이끄는 7인의 등반대가 최초로 마터호른 산 정상에 오르는 데 성공했다. 이후로 마터호른은 전세계 산악인들이 등반을 꿈꾸는 세계에서 가장 유명한 산 중 하나가 되었다. 마터호른은 전문 산악인만이 등반할 수 있지만, 일반인들은 케이블카, 산악 열차 등을 타고 이동해 마터호른의 포토제닉한 모습을 감상할 수 있다.

The World's Largest Air Purifier

In recent years, China has industrialized, which has helped its economy grow. Throughout the country, factories produce goods that are exported around the world. Unfortunately, these factories also produce air pollution. _____, the quality of the air in many places in China is poor.

The city of Xian has tried to solve this problem by building an enormous air purifier. ①It is more than 100 meters high and is the world's largest air purifier. Running on solar energy, ②it sucks in polluted air. Then, ③it heats the air, making it rise. As the air rises through the giant structure, ④it goes through several cleaning filters.

The purifier is designed to improve the quality of the air in an area of ten square kilometers. ⑤It appears to be working. People close to the purifier say they have noticed an improvement in the air. Chinese researchers are planning to build an even bigger one. They hope to construct an air purifier more than 500 meters high in the future. Perhaps these researchers will be able to get rid of the air pollution in China one day.

5

10

15

Structures

2행 **계속적 용법의 관계대명사**

which는 앞에 나온 절에 대한 보충 설명을 하기 위해 쓰인 계속적 용법의 관계대명사이다. 관계대명사 that은 계속적 용법으로 쓸 수 없다.

ex James did well on his exams, **which** made his parents happy.
James는 시험을 잘 봤는데, 그것은 부모님을 기쁘게 만들었다.
She showed us to our seats, **which** was very kind of her.
그녀는 우리를 우리 자리로 안내했는데, 그것은 매우 친절했다.

정답 및 해설 p. 34

1 글의 빈칸에 들어갈 말로 가장 적절한 것은?

① Similarly ② Additionally

③ Nevertheless ④ As a result

⑤ On the contrary

수능형 2 밑줄 친 It[it]이 가리키는 대상이 나머지 넷과 다른 것은?

① ② ③ ④ ⑤

3 Xian에 설치된 공기청정기에 관해 글에서 언급되지 않은 것은?

① how high it is

② what its energy source is

③ how much it cost to build

④ how it cleans the air

⑤ how effective it is

서술형 4 글의 내용과 일치하도록 빈칸에 알맞은 단어를 본문에서 찾아 쓰시오.

> To fight _____ _____, China has built the world's largest air purifier in the city of Xian.

서술형 5 Find the word in the passage which has the given meaning.

> *a.* made dirty, often because of the actions of people

_____

★ 미세먼지 배출에 좋은 음식

화석연료의 연소와 자동차 매연 등의 대기 오염 물질에서 유발되는 것으로 알려진 미세먼지는 입자가 너무 작아 폐에 흡착되어 혈관에 직접 침투하는데, 이는 협심증, 뇌졸중을 유발시킬 수 있다. 마스크 착용과 함께 미세먼지의 체내 배출을 돕는 음식을 먹는 것이 중요하다. 물, 녹차, 둥글레차 등은 중금속 배출에 도움을 준다. 고등어에 많은 오메가-3 지방산은 기관지 염증 완화에 좋으며 아연 성분은 중금속이 체내에 축적되는 것을 막아준다. 혈액을 맑게 해주는 미나리와 강력한 살균, 항균 작용을 하는 마늘 역시 미세먼지에 좋은 음식으로 꼽힌다. 비타민 C가 풍부한 귤은 기침 완화와 미세먼지의 체내 활성화를 억제하는 효과가 있다. 브로콜리에는 세균 감염 방지에 좋은 베타카로틴이 풍부하며, 배 속의 루테올린은 기침, 가래 완화, 폐의 염증 완화에 좋다.

24 Hawaiian Pizza

While many Koreans enjoy ordering fried chicken from restaurants, pizza is <u>one of the most popular food</u> around the world. People put a wide variety of toppings on their pizzas. Pepperoni pizzas, mushroom pizzas, and combination pizzas are some popular types. Another is the Hawaiian pizza. This pizza has an interesting origin. 5

In 1954, Sam Panopoulos immigrated from Greece to Canada. There, he opened a restaurant named the Satellite. At first, his restaurant sold food like pancakes and burgers, but he later added pizza to the menu. Inspired by South Pacific and Chinese culture, Panopoulos decided to put pineapple on top of pizzas. Later, he added ham and 10 called it Hawaiian pizza.

People disliked it at first because it mixed sweet and sour tastes. But they quickly got used to it. The pizza caught on and spread throughout Canada and the United States. Today, most major pizza chains sell Hawaiian pizza, and it is well known around the world. It has 15 become the most popular type of pizza in Australia. There are some who dislike it greatly, but it has plenty of fans everywhere around the world.

Structures

9행 수동의 분사구문

분사구문이 주절의 주어와 수동의 관계일 때는 앞에 **being**을 생략하고 과거분사로 시작하는 수동의 분사구문을 쓴다.

ex **Burned on each side**, the meat was inedible. 양면이 탔기 때문에 그 고기는 먹을 수 없었다.

Shocked by the news of his death, she burst into tears.
그의 사망 소식을 듣고 충격을 받아 그녀는 울음을 터뜨렸다.

1 **What is the purpose of the passage?**

① to show how to make Hawaiian pizza

② to discuss some popular snack foods

③ to talk about the life of Sam Panopoulos

④ to explain why people love Hawaiian pizza

⑤ to describe the origin of the Hawaiian pizza

수능형
2 **According to the passage, which is NOT true?**

① Sam Panopoulos was born in Greece.

② Sam Panopoulos invented Hawaiian pizza.

③ The first Hawaiian pizza was sold at the Satellite.

④ Hawaiian pizza was an instant hit.

⑤ Hawaiian pizza is very popular in Australia.

서술형
3 **What toppings are on Hawaiian pizza?**

→ _____

서술형
4 **Read the underlined sentence and correct the error.**

_____ → _____

Summary   Fill in the blanks by using the words below.

| disliked | Hawaiian | caught on | immigrated |

In 1954, Sam Panopoulos _____ to Canada and opened a restaurant. One day, he decided to put pineapple and ham on a pizza. He called it _____ pizza. People _____ it at first. Then, it _____ and spread throughout Canada and the United States. It is well known around the world and is the most popular type of pizza in Australia.

Focus on Sentences

A 다음 문장을 밑줄 친 부분에 유의하여 우리말로 해석하시오.

1 <u>All you need to do</u> is visit a museum in New York City.

_____

2 It is located on the Matterhorn, <u>one of the highest mountains</u> in the Alps.

_____

3 In recent years, China has industrialized, <u>which has helped its economy grow</u>.

_____

4 <u>Inspired by Chinese culture</u>, he decided to put pineapple on top of pizzas.

_____

B 우리말과 같은 뜻이 되도록 주어진 말을 바르게 배열하시오.

1 참석한 모든 사람들은 화려해 보였다.

_____
(in, looked, everyone, glamorous, attendance)

2 중국의 연구원들은 심지어 이보다 더 큰 공기청정기를 세울 계획을 하고 있다.

Chinese researchers _____.
(bigger, to, are, one, even, build, planning, an)

3 그것은 호주에서 가장 인기 있는 종류의 피자가 되었다.

It has become _____.
(type, in, popular, pizza, most, Australia, the, of)

C 우리말과 같은 뜻이 되도록 빈칸에 알맞은 말을 쓰시오.

1 많은 게스트들은 기계나 미래의 물건과 비슷하게 옷을 차려 입었다.

Many guests _____ _____ to resemble machines or objects from the future.

2 등산가들이 산으로 오르는 도중에 쉬면서 그 경치를 즐겨 왔다.

Climbers have enjoyed the scenery while they rest _____ _____
_____ _____ the mountain.

3 이 연구원들은 언젠가 중국에서 대기 오염을 없앨 수 있을 것이다.

These researchers will be able to _____ _____ _____ the air pollution
in China one day.

실용문

유형 소개

2문항 | 2점 | 난이도 ★★☆

일상생활에서 흔히 접하게 되는 안내문이 제시되고, 안내문의 내용과 일치하는 것 또는 일치하지 않는 것을 찾는 유형이다.
실용문으로 인터넷이나 신문·잡지를 통해서 흔히 볼 수 있는 광고나 안내문이 제시된다.

유형 공략

Step 1 실용문이 다루고 있는 소재와 목적을 파악한다.
Step 2 선택지의 내용이 언급된 부분을 순서대로 실용문에서 찾는다.
Step 3 선택지의 내용과 언급된 부분을 비교하며 일치·불일치를 판단한다.

 Baking Class에 관한 다음 안내문의 내용과 일치하지 <u>않는</u> 것은?

BAKING CLASS

Learn the secrets of Hungarian desserts in the kitchen of Budapest's oldest family-run bakery.

You'll bake Hungary's most famous cake, ⓐ the caramel-topped Dobos torta.

You'll start with coffee and a sampling of a few desserts.

You'll then head to the kitchen, where everybody will make their own cake.

After the baking, you can taste your creations, and the remainder can be boxed up so that you can take it with you.

Join this class to discover the variety of Hungarian desserts and to hear the fascinating stories behind some of the historical dishes.

THE DETAILS

- Tuition: $150 per person
- Duration: 3 hours
- Group Size: 3 to 8 people

---

① 가족이 운영하는 제과점에서 진행된다.　　　② 헝가리의 유명한 케이크를 만들 예정이다.

③ 수업 전에 커피와 디저트를 맛볼 것이다.　　　④ 서로의 케이크를 맛보고 품평회를 열 것이다.

⑤ 3시간 동안 진행되며 수업료는 일인당 150달러이다.

 윗글의 밑줄 친 ⓐthe caramel-topped Dobos torta에 대해서 알 수 있는 내용을 우리말로 쓰시오.

_____

Hungarian 헝가리의 | dessert 디저트 | family-run 가족이 운영하는 | bakery 제과점 | caramel-topped 캐러멜이 위에 올려진 |
sampling 시식품 | head 향하다 | creation 창작품 | remainder 나머지 | box 상자에 넣다 | variety 다양함 | fascinating 매력적인 |
historical 역사적인 | dish 음식 | tuition 수업료 | duration 지속 시간

Chapter 07

25 **Sous Vide Cooking**

집에서 즐기는 레스토랑 레시피

26 **Finland: The Happiest Country in the World**

핀란드 사람들의 휘바 라이프

27 **The Marshmallow Challenge**

생각은 그만, 이제 실행이 답이다.

28 **An Underground City**

지하 도시를 아시나요?

Structures

- **Have you** ever **wondered** how restaurants can prepare food that looks perfect?
- Many Finns **enjoy walking** through the country's numerous forests.
- They can make their structures higher than **those** of the business school students.
- **It is believed that** it took around three years to dig out an underground home. 비상

Vocabulary Preview

25 | Sous Vide Cooking

☐ prepare	v. 준비하다		☐ monitor	v. 관찰하다
☐ recipe	n. 조리법, 요리법		☐ precisely	adv. 정확하게
☐ duplicate	v. 복제하다		☐ advantage	n. 장점
☐ appearance	n. 모양		☐ moist	a. 촉촉한
☐ vacuum	n. 진공		☐ high-end	a. 고급의
☐ seal	v. 밀봉하다, 밀폐하다		☐ comfort	n. 편안

26 | Finland: The Happiest Country in the World

☐ the Arctic Circle	북극권		☐ observe	v. 관찰하다
☐ all year	일년 내내		☐ below freezing	영하의
☐ nevertheless	adv. 그럼에도 불구하고		☐ renewed	a. 활기를 되찾은
☐ rate	v. 평가하다		☐ bother	v. 신경 쓰다
☐ population	n. 인구		☐ go out	외출하다[나가다]
☐ get away from	~에게서 벗어나다		☐ brilliant	a. 찬란한
☐ forest	n. 숲		☐ aurora	n. 오로라

27 | The Marshmallow Challenge

☐ take part in	~에 참가하다		☐ string	n. 끈, 줄
☐ contest	n. 대회, 시합		☐ creative	a. 창의적인
☐ cooperate	v. 협력하다		☐ limited	a. 제한된
☐ following	a. 다음에 나오는		☐ kindergartener	n. 유치원생
☐ item	n. 물품[품목]		☐ come up with	제안하다, 내놓다
☐ yard	n. (단위) 야드		☐ unique	a. 독특한

28 | An Underground City

☐ underground	a. 지하의		☐ separate	a. 분리된
☐ theory	n. 이론		☐ livestock	n. 가축
☐ entire	a. 전체의		☐ dig out	~을 파내다
☐ archaeologist	n. 고고학자		☐ privacy	n. 사생활
☐ discover	v. 발견하다		☐ modernize	v. 현대화되다
☐ date back	거슬러 올라가다		☐ turn A into B	A를 B로 바꾸다

25 Sous Vide Cooking

Have you ever wondered how restaurants can prepare food that tastes and looks perfect? You might get the recipe and follow it exactly. But you can never duplicate the taste and appearance of restaurant food. The restaurant probably does not cook with ovens. Instead, it uses sous vide cooking.

Sous vide is a French term meaning "under vacuum." (①) Two chefs, Georges Pralus and Bruno Goussault, both developed it in the 1970s. (②) Basically, a person prepares the food to be cooked and then seals it in a bag. (③) Because the temperature can be monitored precisely, the food cooks perfectly. (④) All a person must do is set the time and proper temperature. (⑤)

Sous vide cooking has many advantages. With the food being in a bag, it cooks in its own juices. That makes it moist and tender. It also cooks food the same way every time. The food cannot be overcooked either. In the past, only high-end restaurants had sous vide cookers. Today, the prices have gone down, so many people have ⓐ them in their homes. That lets regular people cook like professionals from the comfort of their own kitchen.

Structures

1행 **현재완료의 경험**
have wondered는 과거부터 현재까지의 경험을 묻는 현재완료이다. 경험을 나타내는 현재완료는 주로 ever, never, before 등의 부사와 함께 쓰인다.
ex I've never **been** to this restaurant before. 나는 전에 이 음식점에 가 본 적이 없다.
Have you ever **seen** a penguin in real life? 너는 펭귄을 실제로 본 적이 있니?

1 **What is the purpose of the passage?**

① to promote the food at restaurants

② to describe some sous vide recipes

③ to encourage readers to try sous vide cooking

④ to explain what the sous vide cooking method is

⑤ to detail the lives of Georges Pralus and Bruno Goussault

 2 **글의 흐름으로 보아, 주어진 문장이 들어가기에 가장 적절한 곳은?**

Next, the bag is placed into a water bath.

①   ②   ③   ④   ⑤

3 **글에 따르면 수비드 조리법의 장점이 <u>아닌</u> 것은?**

① 음식이 촉촉하고 부드럽다.

② 음식이 항상 같은 방식으로 요리된다.

③ 봉지를 여러 번 사용할 수 있다.

④ 음식이 오래 익혀지는 것을 방지할 수 있다.

⑤ 일반 가정에서도 조리가 가능하다.

 4 **글의 내용과 일치하도록 다음 질문에 답하시오.**

Q   What is the meaning of sous vide in English?

A   It means "_____."

 5 **글의 밑줄 친 ⓐthem이 가리키는 것을 본문에서 찾아 쓰시오.**

_____

역대 최고 쿡방 헬스 키친(Hell's Kitchen)과 마스터 셰프(Master Chef)

'헬스 키친'은 영국의 유명 셰프 고든 램지가 진행하는 인기 프로그램이다. LA에 설치된 헬스 키친이라는 레스토랑 세트에서 스무 명 가량의 요리사들이 다양한 과제를 통해 경쟁한 후 최종 우승자 한 명을 가리게 되는데, 램지는 도전자들의 음식을 맛보고 쓰레기통에 처넣거나 막말을 퍼부어 시청자들을 사로잡았다. '마스터 셰프'는 아마추어들이 도전하는 요리 프로그램으로 고든 램지가 심사위원으로 참여한다. 한국에서도 '마스터 셰프 코리아'가 방송되어 큰 인기를 끌었다.

26 Finland: The Happiest Country in the World

Finland is located in Northern Europe near the Arctic Circle. The weather is cold almost all year long, and most of the land is dark for several months of the year. Nevertheless, the 5 people of Finland are very happy. In fact, in recent surveys, they are (A) rated / based among the happiest people in the world.

There are several reasons for this. First, Finns often go out and enjoy the land around them. Finland is a large country with a small population, 10 so it is easy for them to get away from others to enjoy nature. Many Finns enjoy walking through the country's numerous forests and pick berries or just (B) ruin / observe nature. They feel at peace when doing that.

Some Finns love swimming in icy water when the temperature is below freezing. They feel (C) renewed / reflected after getting out of the 15 water, which makes them happy. They might head to a sauna afterward. Saunas are a big part of Finnish culture, and spending time in ⓐ them makes Finns happy. Even the darkness does not bother them too much. They love going out to see the brilliant colors of the auroras called the Northern Lights dancing across the night sky. 20

Structures

12행 동명사를 목적어로 취하는 동사
enjoy는 동명사를 목적어로 취한다. 이 밖에도 동명사를 목적어로 취하는 동사에는 finish, mind, stop, dislike, consider, avoid, give up, put off 등이 있다.
ex She **finished giving** her presentation and sat down. 그녀는 발표를 마치고 자리에 앉았다.
My father always **puts off going** to the dentist. 아빠는 항상 치과 가는 것을 미루신다.

1 글의 주제로 가장 적절한 것은?

① the happiest countries in the world

② ways that a person can have a happy life

③ the reasons people in Finland are very happy

④ aspects of Finnish culture that are popular with tourists

⑤ the natural scenery of Finland and its effects on people

2 (A), (B), (C)의 각 네모 안에서 문맥에 맞는 낱말로 가장 적절한 것은?

	(A)		(B)		(C)
①	rated	······	ruin	······	renewed
②	rated	······	observe	······	reflected
③	rated	······	observe	······	renewed
④	based	······	ruin	······	reflected
⑤	based	······	observe	······	renewed

3 Which CANNOT be answered based on the passage?

① Where is Finland located?

② How do surveys rank the happiness of the Finnish people?

③ What do Finns enjoy doing in nature?

④ How do Finns feel after swimming in icy water?

⑤ Which season are the Northern Lights the brightest?

4 글의 밑줄 친 ⓐthem이 가리키는 것을 본문에서 찾아 쓰시오.

_____

5 글의 내용과 일치하도록 빈칸에 알맞은 단어를 본문에서 찾아 쓰시오.

> The Finns like going out and enjoying _____. They enjoy
> swimming in _____ _____ and visiting saunas, too.
> And they enjoy watching the _____ _____ at night.

27 The Marshmallow Challenge

Cooperation | 193 words | ★★☆

Would you like to take part in a contest that is both fun and challenging? If you answered yes, you need to be a member of a team. The marshmallow challenge is about working together with others and cooperating.

The marshmallow challenge is simple. Each team gets the following items: twenty sticks of spaghetti, one yard of tape, one yard of string, and one marshmallow. The objective is to build the tallest structure with those items in eighteen minutes. Oh, and the marshmallow has to be at the top. 그것은 보이는 것만큼 쉽지는 않다. The most successful teams are the ones that work the best together. It is also important to be creative since there are a limited number of items the teams can use. (A)   , in contests between kindergarteners and business school students, the younger group almost always wins.

Why is that? One reason is that children are used to working and playing together. So they can come up with unique ideas and make their structures higher than those of the business school students. (B)   , business school students plan too much, so they build more slowly than kindergarteners.

Structures

16행 앞에 나온 명사를 대신하는 that/those
동일 문장 내에서 같은 명사의 반복을 피하기 위해 대명사 that 또는 those를 쓴다. 반복되는 명사가 단수이면 that을, 복수이면 those를 사용한다.
ex Its head has a similar size to **that** (= head) of a mammal.
그것의 머리는 포유류의 그것과 비슷한 크기를 가지고 있다.
A cheetah's legs are shorter than **those** (= legs) of a horse.
치타의 다리는 말의 그것보다 더 짧다.

1 Choose the correct words for (A) and (B).

	(A)		(B)
①	Nevertheless	······	In addition
②	Nevertheless	······	In contrast
③	Therefore	······	For instance
④	Interestingly	······	In addition
⑤	Interestingly	······	For instance

2 Marshmallow challenge에 필요한 준비물이 <u>아닌</u> 것은?

① spaghetti   ② tape   ③ glue

④ string   ⑤ a marshmallow

3 글의 내용과 일치하면 T, 그렇지 않으면 F를 쓰시오.

(1) The goal of the marshmallow challenge is to make the tallest structure. _____

(2) Business school students usually win contests against kindergarteners. _____

4 글의 내용과 일치하도록 다음 질문에 답하시오.

Q Why should people doing the marshmallow challenge be creative?

A _____

5 밑줄 친 우리말과 같은 뜻이 되도록 주어진 단어를 바르게 배열하시오.

(easy, looks, it, as, not, is, it, as)

➡ _____

28 An Underground City

In literature, there are stories about people living underground. Some people even believe in the hollow-Earth theory. They think there are entire societies living below the Earth's surface. While most people believe these tales are false, there really was once an enormous underground society in China.

More than 1,000 kilometers west of Shanghai, China, is Sanmenxia, a city in Henan Province. There, archaeologists have discovered an underground city where two million people once lived. More than 10,000 underground homes are thought to have been located there. Some may date back more than 4,000 years. The homes had separate bedrooms, sitting rooms, and kitchens. They had storerooms and places for livestock. The underground areas had excellent heating, cooling, and drainage systems as well.

It is believed that it took around three years to dig out an underground home. Interestingly, around 3,000 people still live in these underground areas. (A) Soon, they will not have much privacy though. (B) Their homes are modernized and have electricity and indoor plumbing. (C) The Chinese government is turning the area into a tourist attraction.

5

10

15

20

Structures

16행 **that절이 있는 문장의 수동태**

이 문장은 'People believe that it took ~.'을 수동태로 바꾼 것으로, believe의 목적어인 that절이 길어 뒤로 옮기고 그 자리에 가주어 It을 썼다. believe는 현재 수동태인 is believed로 바뀌었다.

ex **It is believed that** stress can affect the body. 스트레스는 신체에 영향을 미칠 수 있다고 믿어진다.
→ People believe that stress can affect the body.

It is believed that the house was built in 1865. 그 집은 1865년에 지어진 것으로 믿어진다.
→ People believe that the house was built in 1865.

1   **What is the best title for the passage?**

① China's Most Popular Tourist Attraction

② Why Underground Homes Are Comfortable

③ What Does an Underground Home Look Like?

④ 4,000 Years of Living beneath the Earth's Surface

⑤ Sanmenxia: A Place Where People Live Underground

2   **Which is the best order of the sentences (A) ~ (C)?**

① (A)–(B)–(C)   ② (B)–(A)–(C)

③ (B)–(C)–(A)   ④ (C)–(A)–(B)

⑤ (C)–(B)–(A)

3   **Which systems did the underground areas have?**

→ They had excellent _____.

4   **Find the word in the passage which has the given meaning.**

> *n.* animals such as horses, cows, and pigs that are raised on farms

_____

Summary   **Fill in the blanks by using the words below.**

modern	separate	heating	underground

In Sanmenxia, China, there used to be an enormous _____ society. Two million people once lived there. More than 10,000 underground homes were there. These homes had _____ bedrooms, sitting rooms, and kitchens. They had _____, cooling, and drainage systems, too. Today, around 3,000 people still live underground in Sanmenxia. They have _____ homes with electricity and indoor plumbing.

A 다음 문장을 밑줄 친 부분에 유의하여 우리말로 해석하시오.

1 <u>Have you ever wondered</u> how restaurants can prepare food that tastes and looks perfect?

_____

2 Many Finns <u>enjoy walking</u> through the country's numerous forests.

_____

3 They can make their structures higher than <u>those</u> of the business school students.

_____

4 <u>It is believed that</u> it took around three years to dig out an underground home.

_____

B 우리말과 같은 뜻이 되도록 주어진 말을 바르게 배열하시오.

1 이는 일반 사람들이 자신의 주방에서 편안하게 전문가들처럼 요리하게 한다.

_____ from the comfort of their own kitchen.
   (people, cook, lets, professionals, that, like, regular)

2 그들은 오로라의 찬란한 색들이 밤하늘에서 춤추는 것을 보는 것을 매우 좋아한다.

They love to _____ across the night sky.
            (colors, auroras, the, of, see, dancing, the, brilliant)

3 한 가지 이유는 아이들이 함께 공부하고 함께 노는 것에 익숙하다는 것이다.

One reason is that _____ .
                  (to, working, together, children, used, playing, are, and)

C 우리말과 같은 뜻이 되도록 빈칸에 알맞은 말을 쓰시오.

1 재미있으면서도 도전적인 대회에 참가하고 싶은가?

Would you like to _____ _____ _____ a contest that is both fun and challenging?

2 그들이 자연을 즐기기 위해 다른 사람들로부터 벗어나는 것은 쉽다.

It is easy for them to _____ _____ _____ others to enjoy nature.

3 중국 정부는 그 지역을 관광 명소로 바꾸고 있다.

The Chinese government is _____ the area _____ a tourist attraction.

빈칸 추론

유형 소개

4문항 | 3점 | 난이도 ★★★

빈칸 추론은 필자가 말하고자 하는 핵심 내용을 파악한 후, 이를 토대로 빈칸에 들어갈 단어나 어구를 추론하는 유형이 주로 출제되고 있다. 빈칸으로 제시된 부분은 글의 요지 및 주제 파악과 깊은 관련이 있으므로, 글의 대의를 파악하는 능력이 중요하다.

유형 공략

Step 1 글 전체를 빠르게 읽으면서 글의 소재와 주제를 파악한다.
Step 2 핵심적인 어구나 문장을 찾고 이를 토대로 빈칸에 들어갈 단서를 추론한다.
Step 3 찾은 단서를 종합하여 글의 내용에 알맞은 답을 선택한다.

 다음 빈칸에 들어갈 말로 가장 적절한 것은? [3점]

When I was a teenager, my father's appointment notebook fell on the floor one day and opened. I happened to notice a lot of gold stars on the page. Picking it up, I looked through the notebook and noticed many pages had large numbers of gold stars. I asked him why a grown man would have gold stars pasted in his book. He told me that on the days when he made a sale, he put lots of gold stars on the page. He said they kept him focused on what went right in his life. On the days things weren't going so well, he'd flip back through the pages and look at his gold stars. They would remind him of what was going right in his life and in his career. In spite of what was happening that day, he could see he was successful. What my Dad was doing back then, though he didn't have a name for it, was *"anchoring" his _____.

*anchor 고정시키다

① taste
② honesty
③ ambition
④ good cause
⑤ self-esteem

 윗글에 따르면 필자의 아버지는 어떤 날에 노트에 금별을 붙이는지 우리말로 쓰시오.

_____

appointment 업무상 약속 | **notice** 알아차리다 | **paste** 풀로 붙이다 | **focused** 집중한 | **flip back** 뒤로 넘기다 | **remind** 상기시키다 | **career** 경력

Chapter 08

29 **The Art of Organizing**

정리의 기술

30 **Sleeping Positions and Personalities**

내 수면 자세는 어떤 스타일?

31 **Animal Burial Customs**

동족에게 보내는 마지막 인사

32 **Christmas in Russia**

1월의 크리스마스

Structures

- You can reduce the number of **clothes you own** in three easy steps. 능률(김), YBM(박)
- You are most likely a leader **who** enjoys taking charge. 능률(양), 지학사
- Magpies **have been observed** placing grass beside the body of another magpie. 능률(양), 동아
- The Russian Orthodox Church uses a different calendar, so **that is why** the day is different. 비상, YBM(박)

Vocabulary Preview

29 | The Art of Organizing

☐ own	v. 소유하다	☐ duplicate	a. 똑같은, 중복되는
☐ essential	a. 중요한, 필수의	☐ remove	v. 없애다
☐ a couple of	몇 개의	☐ pile	n. 더미
☐ a pair of	한 쌍의	☐ as for	~의 경우에는
☐ A as well as B	B뿐만 아니라 A도	☐ donate	v. 기부하다
☐ out of style	유행이 지난	☐ charity	n. 자선 단체

30 | Sleeping Positions and Personalities

☐ fetal	a. 태아의	☐ order	n. 명령
☐ tend to-v	~하는 경향이 있다	☐ stubborn	a. 고집이 센
☐ on one's stomach	엎드려서	☐ sleep on one's side	옆으로 누워 자다
☐ psychologist	n. 심리학자	☐ reliable	a. 믿을 만한
☐ most likely	아마도, 가장 그럴듯한	☐ adjust to	~에 적응하다
☐ take charge	떠맡다, 책임지다	☐ accurately	adv. 정확하게

31 | Animal Burial Customs

☐ pass away	사망하다, 돌아가시다	☐ for a while	잠시 동안
☐ individual	n. 개인	☐ remain	v. 남다
☐ funeral	n. 장례식	☐ magpie	n. 까치
☐ bury	v. 묻다	☐ place	v. 놓다
☐ species	n. 종	☐ tale	n. 이야기, 일화
☐ as if	마치 ~인 것처럼	☐ affect	v. 영향을 미치다

32 | Christmas in Russia

☐ celebration	n. 축하 행사	☐ meal	n. 식사
☐ differ	v. 다르다	☐ dish	n. 요리
☐ everywhere	adv. 어디에서나	☐ grain	n. 곡물
☐ calendar	n. 달력	☐ poppy seed	양귀비 씨
☐ present	n. 선물	☐ common	a. 흔한

The Art of Organizing

You open your closet to look for something to wear. As you are looking, you decide you have too many clothes. You can reduce the number of clothes you own in three easy steps.

The first one is to keep the essential items. Think about which clothes you can wear in all seasons. These include T-shirts, jeans, and sweaters. Be sure to hold on to a couple of jackets for cooler weather. And make sure you keep a pair of casual and formal shoes.

Next, decide what to get rid of. Look for clothes you have not worn in more than a year as well as items that are out of style. If you have duplicate items, you do not need them all. If you do not like how you look in certain clothes, remove them from your closet.

_____, you should have two piles: the clothes you will keep and the clothes you will get rid of. Put the clothes you will keep back in the closet. As for the other ones, if ⓐ they are in good condition, donate them to charity. Then, recycle the ones that are worn out or torn. That is all there is to it.

Before

After

Structures

3행 **관계대명사 목적격 생략**

제한적 용법으로 사용된 목적격 관계대명사 who(m), which, that은 생략할 수 있다.

ex The boy (**whom**) I talked to was standing there.
나와 이야기했던 소년이 거기에 서 있었다.
This is the table (**which** [**that**]) he bought last month.
이것은 그가 저번 달에 산 탁자이다.

1 글의 제목으로 가장 적절한 것은?

① Why Do People Clean Their Closets?

② The Best Time to Get Rid of Clothes

③ Three Steps to Having a Clean Closet

④ Closets: Where People Keep Their Clothes

⑤ How Big Should a Closet Be?

2 글의 빈칸에 들어갈 말로 가장 적절한 것은?

① Fortunately   ② However

③ In other words   ④ Finally

⑤ In addition

3 글의 내용과 일치하면 T, 그렇지 않으면 F를 쓰시오.

(1) The passage suggests that a person have two different types of shoes.   _____

(2) The passage suggests that a person keep clothes that are out of style.   _____

4 **Write what the underlined ⓐthey in the passage refers to in English.**

_____

5 글의 내용과 일치하도록 다음 질문에 답하시오.

Q What does the passage suggest a person do with worn out or torn clothes?

A It suggests that a person _____.

30 Sleeping Positions and Personalities

When you go to bed at night, how do you sleep? Perhaps you sleep on your side or in the fetal position. Maybe you tend ①to sleep on your back or on your stomach. Did you know that psychologists believe they can tell your personality 5 by ②knowing your sleeping position?

For instance, perhaps you sleep on your stomach ___당신의 팔과 다리를___ ___내민 채로___. You are most likely a leader who enjoys taking charge. You prefer order in your personal and work life and really dislike surprises. What about those individuals ③which sleep on their back? 10 They have strong, positive personalities and love to be the center of attention. They can also be stubborn but almost always tell the truth.

As for people who sleep on their sides, psychologists say they are calm and reliable individuals. They can easily adjust to changes that ④happen in their lives. Finally, some people sleep in the fetal position. 15 They have personalities which require ⑤them to be protected and understood. They are frequently excellent at artistic activities such as painting and dancing.

So what about you? Does your sleeping position accurately predict your personality? 20

Structures

8행 주격 관계대명사 who

관계대명사 who는 선행사가 사람이고 관계대명사가 이끄는 절에서 주어 역할을 할 때 쓴다. 이때 who 대신 관계대명사 that을 사용할 수 있다.

ex The woman **who** came with him has already left. 그와 함께 왔던 여자는 벌써 떠났다.

I don't like people **who** eat popcorn during movies.
나는 영화가 상영되는 동안 팝콘을 먹는 사람들을 좋아하지 않는다.

1   글의 주제로 가장 적절한 것은?

① why sleeping positions affect personalities

② the easiest way to tell a person's personality

③ why people like to sleep in certain positions

④ the most common sleeping positions that people have

⑤ the connections between personalities and sleeping positions

2   글의 밑줄 친 부분 중, 어법상 틀린 것은?

①   ②   ③   ④   ⑤

3   **Which is true about the sleeping positions?**

① 엎드려 자는 사람들은 강인하고 긍정적인 성격의 소유자이다.

② 반듯이 누워서 자는 사람들은 관심의 대상이 되는 것을 좋아한다.

③ 옆으로 자는 사람들은 지도자일 가능성이 높다.

④ 태아처럼 움츠리고 자는 사람들은 차분하고 신뢰할 수 있다.

⑤ 엎드려 자는 사람들은 보호 받고 이해 받기를 원한다.

4   글의 내용과 일치하도록 다음 질문에 답하시오.

Q   What are people who sleep in the fetal position often very good at?

A   _____

5   밑줄 친 우리말과 같은 뜻이 되도록 주어진 단어를 바르게 배열하시오.

(arms, out, with, and, legs, sticking, your)

➡ _____

   수면의 중요성

• 뇌와 신체의 성장과 발달에 필수적이며 정상적인 신체 기능의 유지와 면역 체계의 활동에 관여한다.

• 학습과 기억 과정에서 정보를 정리하고 장기 기억으로 저장되는 것을 돕는다.

• 두뇌 활동에 필요한 물질을 합성하고 저장한다.

• 육체를 쉬게 하여 뇌 효율을 극대화 시킬 준비를 한다.

31 Animal Burial Customs

Biology | 196 words | ★★★

When a person @ passes away, that individual's family members and friends hold a funeral. They talk about the dead person and then bury that individual. Interestingly, some species of animals mourn their dead and even bury them.

Elephants live in close social groups and become upset when a member dies. They touch the dead elephant with their trunk and make loud sounds as if they are crying. After that, they become quiet for a while and then cover the body with leaves and grass. They may even remain with the body for a few days or weeks.

Magpies, which are some of the most intelligent of all birds, also honor the dead. Magpies have been observed placing grass beside the body of another magpie. They also stand silently alongside the body and then fly away.

There is a fascinating tale of chimpanzees in Cameroon, Africa, mourning their own. When a chimp named Dorothy died at a rescue center, the other chimps in the group were greatly affected. They placed their hands on one another's shoulders and watched quietly as the rescue center workers buried Dorothy. It appears that many animals _____ just like humans do.

5

10

15

20

Structures

11행 현재완료 수동태
'People have observed magpies placing grass ~.' 의 능동태 문장을 수동태로 바꾼 것이다.
현재완료 수동태는 「have/has+been+p.p.」의 형태로 나타낸다.
ex They **have been invited** to the wedding. 그들은 결혼식에 초대를 받았다.
The furniture **has been delivered** to the office. 그 가구는 사무실에 배달되었다.

1 다음 중 동물의 매장 관습으로 언급되지 <u>않은</u> 것은?

① covering a body with leaves or grass

② staying with a body for several days

③ burying a body in the ground

④ standing silently by a body

⑤ placing hands on one another

2 elephants에 관한 글의 내용과 일치하지 <u>않는</u> 것은?

① 무리를 지어 생활한다.

② 동료의 죽음을 슬퍼한다.

③ 소리 내어 울며 죽음을 애도한다.

④ 가장 영리한 동물이다.

⑤ 죽은 동료의 곁을 며칠 동안 지킨다.

3 Which is the best choice for the blank?

① feel emotions

② feel physical pain

③ comfort one another

④ maintain their routines

⑤ gather together after the funeral

4 글의 밑줄 친 ⓐpasses away와 같은 의미를 가진 단어를 본문에서 찾아 한 단어로 쓰시오.

_____

5 글의 내용과 일치하도록 다음 질문에 답하시오.

Q How do magpies honor the dead?

A They place _____ beside the body of another magpie, stand _____ alongside the body, and then _____ _____.

32 Christmas in Russia

Christmas is celebrated by people around the world, but the celebrations differ from country to country. One country with some interesting Christmas traditions is Russia.

December 25 is Christmas Day almost everywhere in the world. But in Russia, Christmas Day is on January 7. (①) *The Russian Orthodox Church uses a different calendar, so that is why the day is different. (②) Russians do not have Christmas trees either. (③) Ded Moroz, also called Father Frost, is the Russian Santa Claus. (④) He rides in a *troika* pulling by three horses and gives presents to children every Christmas. (⑤)

Food is a big part of Russian Christmas celebrations. On Christmas Eve, Russians eat a meal with twelve dishes, but none has meat. *Kutya*, which is grains and poppy seeds with honey, and *solyanka*, a Russian stew, are common Christmas Eve foods. On Christmas Day, Russians enjoy pork, goose, or another type of meat with various side dishes.

5

10

15

*the Russian Orthodox Church 러시아 정교회

Structures

9행 **선행사가 생략된 관계부사 (또는 that is why)**
관계부사 when, where, why와 선행사는 둘 중 하나를 생략할 수 있다. that is why는 that is the reason why에서 선행사 the reason을 생략한 형태이다.
ex I want to know (**the reason**) **why** she is absent. 나는 그녀가 결석한 이유를 알고 싶다.
This is (**the place**) **where** I was born. 여기는 내가 태어난 곳이다.

1 **Where would the following sentence best fit?**

> Instead, they have New Year's trees.

①   ②   ③   ④   ⑤

2 **According to the passage, which is NOT true about Christmas traditions in Russia?**

① Father Frost is the Russian Santa Claus.

② In Russia, Christmas Day is on January 7.

③ Russians eat a meal with twelve dishes on Christmas Eve.

④ Ded Moroz gives presents to children in Russia every Christmas.

⑤ Russians do not eat meat on Christmas Day.

3 **Read the underlined sentence and correct the error.**

_____ → _____

4 **Find the word in the passage which has the given meaning.**

> *n.* an activity that people and their ancestors have done for many years

_____

Summary   Fill in the blanks by using the words below.

meal	celebrate	meat	trees

There are some interesting Christmas traditions in Russia. Russians _____ Christmas Day on January 7. They have New Year's _____, and Ded Moroz gives presents to children every Christmas. Russians eat a(n) _____ with twelve dishes on Christmas Eve. But they have no _____ then. On Christmas Day, they eat pork, goose, or another meat with side dishes.

A 다음 문장을 밑줄 친 부분에 유의하여 우리말로 해석하시오.

1 You can reduce the number of <u>clothes you own</u> in three easy steps.

_____

2 You are most likely a leader <u>who</u> enjoys taking charge.

_____

3 Magpies <u>have been observed</u> placing grass beside the body of another magpie.

_____

4 The Russian Orthodox Church uses a different calendar, so <u>that is why</u> the day is different.

_____

B 우리말과 같은 뜻이 되도록 주어진 말을 바르게 배열하시오.

1 당신은 입을 것을 찾기 위해 옷장을 연다.

You open your closet _____ .
(for, to, something, to, look, wear)

2 예를 들어, 당신은 팔과 다리를 내민 채 엎드려 잘지도 모른다.

For instance, perhaps you sleep on your stomach _____ .
(and, with, sticking, legs, out, arms, your)

3 서리 할아버지라고도 불리는 Ded Moroz가 러시아의 산타클로스이다.

Ded Moroz, _____, is the Russian Santa Claus.
(Father Frost, called, also)

C 우리말과 같은 뜻이 되도록 빈칸에 알맞은 말을 쓰시오.

1 다른 것들의 경우에는, 그것들이 상태가 좋으면 자선 단체에 기부하라.

_____ _____ the other ones, if they are in good condition, donate them to charity.

2 그들은 자신들의 삶에서 일어나는 변화에 쉽게 적응할 수 있다.

They can easily _____ _____ changes that happen in their lives.

3 사람이 죽으면 그 사람의 가족과 친구들은 장례식을 연다.

When a person _____ _____ , that individual's family members and friends hold a funeral.

유형 소개

`1문항 | 2점 | 난이도 ★★☆`

글의 흐름과 관계없는 내용을 담은 문장을 찾는 유형이다. 글의 소재나 주제를 파악하고, 이와 관련 없는 문장을 찾아야 한다. 보통 글의 소재와 같은 소재를 다루고 있으나, 주제가 다른 문장이 자주 제시된다.

유형 공략

Step 1 글의 소재와 주제를 파악한다.

Step 2 글의 논리적인 흐름을 파악하면서 주제에서 벗어난 문장을 찾는다.

Step 3 주제에서 벗어난 문장을 뺀 나머지 글의 흐름이 자연스러운지 확인한다.

 다음 글에서 전체 흐름과 관계 <u>없는</u> 문장은?

Children frequently act in unexpected manners while using playground equipment. They try to explore ways in which playground equipment can be utilized, and that is not necessarily a negative action. ①Problems only occur when the risks that children take could cause serious injury or possibly even death. ②Although there is a lot of effort that goes into making playground equipment safe, ⓐit is never injury free. ③No child is safe from the hazards and risks that are associated with a swing, a slide, or a seesaw. ④The best playing happens when an adult takes an active role and plays alongside a child rather than supervising the child's activities. ⑤Yet being an informed and alert parent could make a significant difference, possibly between life and death.

 윗글에서 ⓐit이 지칭하는 바를 본문에서 찾아 쓰시오.

_____

Words & Phrases

unexpected 기대하지 않은 | **playground** 놀이터 | **equipment** 장비 | **expand** 확장하다 | **explore** 탐험하다 | **present** 제공하다 | **negative** 부정적인 | **take on** 떠안다 | **injury** 부상 | **hazard** 위험성 | **associated** 관련된 | **swing** 그네 | **supervise** 감독하다 | **informed** 박식한 | **alert** 방심하지 않은 | **significant** 중요한

MEMO

내공
고등영어독해

정답 및 해설

LOST DOG

REWARD

If found please call
01-08

입문

DARAKWON

내공
고등영어독해
입문

정답 및 해설

DARAKWON

01 How to Cope with Exam Stress

pp. 010 ~ 011

정답   1 ④   2 ③   3 ③   4 eat, go, get   5 exam

지문 해석   십대가 되는 것은 쉽지 않다. 십대들의 삶은 흔히 스트레스가 많고, 스트레스의 가장 큰 원인 중 하나는 시험이다. 십대들은 시험을 잘 보라는 큰 압박감에 시달린다. 그래서 그들은 시험 기간 동안 자주 걱정을 한다.

   스트레스는 십대들에게 육체적·정신적 문제를 야기할 수 있다. 예를 들어, 어떤 십대들은 시험에 대해 걱정하기 때문에 밤에 잠을 잘 수 없다. 이것은 그들이 나중에 피곤하고 잘 잊어버리게 만들 수 있다. 다른 십대들은 식욕을 잃고, 쉽게 화를 내며, 어떤 활동들에 대한 흥미를 갖는 것을 중단한다. (이것은 그들이 학업에 집중하게 할 수 있다.) 어떤 십대들은 스트레스 때문에 심지어 두통과 현기증에 시달리고 구토를 한다.

   다행히도 시험 스트레스에 대처할 수 있는 <u>방법들</u>이 있다. 우선 몸을 적절히 다루어라. 건강에 좋고 영양가 높은 음식을 먹고 일찍 잠자리에 들어라. 아무리 바쁘더라도 운동을 해라. 만약 스트레스가 쌓이거나 공황 상태에 빠지면 잠깐 쉬어라. 산책하러 나가서 마음을 진정시켜라. 그리고 시험에 대해 너무 많이 걱정하는 것을 멈춰라. 설령 시험을 잘 보지 못한다고 하더라도 그것이 세상의 끝은 아니다. 다음 시험을 위해 공부하고 그 시험을 잘 보도록 노력해라.

문제 해설   **1** 스트레스가 십대들에게 야기할 수 있는 육체적·정신적 문제에 관해 언급하고 있는 단락이므로, ④ '이것은 그들이 학업에 집중하게 할 수 있다.'라는 문장은 글의 흐름에 맞지 않다.

2 스트레스가 십대들에게 야기하는 문제로 체중 증가에 관해서는 언급되지 않았다.

3 빈칸 뒤에 나오는 건강에 좋고 영양가 높은 음식을 먹는 것, 일찍 잠자리에 드는 것, 운동하는 것, 산책하는 것 등은 시험 스트레스에 대처할 수 있는 방법들에 해당된다. 따라서 ③ '시험 스트레스에 대처할 수 있는 방법'이 가장 적절하다.

   [문제] 글의 빈칸에 들어갈 말로 가장 적절한 것은?
       ① 시험 스트레스의 원인
       ② 시험 스트레스의 증상
       ④ 시험 스트레스가 십대들에게 미치는 영향
       ⑤ 십대들이 시험 전에 스트레스를 받는 이유

4 세 번째 단락의 'First, treat your body properly.' 뒤에 구체적인 방법이 언급되어 있다. (14행)

   Q 스트레스를 받는 십대들은 어떻게 그들의 몸을 적절히 다룰 수 있는가?
   A 그들은 건강에 좋고 영양가 높은 음식을 <u>먹고</u>, 일찍 자러 <u>가고</u>, 운동을 <u>할</u> 수 있다.

5 one은 앞에 나온 exam을 가리킨다.

구문 해설   **1행** **It** is not easy **being a teen**.
     • It은 가주어이고, being a teen은 진주어로 쓰인 동명사구이다.

   1행 The lives of teens are often stressful, and **one of the biggest causes** of stress is exams.
     • 「one of the+최상급+복수명사」는 '가장 ~한 것들 중 하나'라는 뜻이다.

   14행 Fortunately, there are ways **to cope** with exam stress.
     • to cope는 to부정사의 형용사적 용법으로 앞의 명사인 ways를 수식한다.

   18행 It is not the end of the world **if** you do poorly on *one*.
     • if는 '비록 ~한다 하더라도'라는 뜻의 양보의 접속사로 쓰였다.
     • one은 앞에 언급된 명사인 exam 대신에 쓰인 부정대명사이다.

02 The Pet Detectives

정답   1 ③   2 ⑤   3 ③   4 to be the country's top pet detective
5 has become large enough for him to hire several employees

지문 해석   당신은 개를 공원에 데리고 가 뛰어다니게 한다. 당신의 전화기가 울린다. 그래서 당신은 친구와 잠시 대화를 나눈다. 전화를 끊은 후에 당신은 개를 찾지만 어디에서도 볼 수가 없다. 실종된 개를 되찾기 위해서 당신은 무엇을 할 수 있는가?
만약 당신이 잉글랜드에 산다면 Tom Watkins에게 전화하는 것을 고려해 볼 수도 있다. 그는 Animal Search UK의 설립자이자 실제로 애완동물 탐정이다. Watkins는 전에 경찰이었지만 그 일에서 은퇴했다. 어느 날 밤, 그는 라디오를 듣고 있다가 실종된 개에 대한 생방송 보도를 들었다. 그는 라디오 방송국에 전화를 걸어 국내 최고의 애완동물 탐정이라고 주장했다. 그는 밖으로 나가 그 개가 마지막으로 목격된 지역을 수색했고 그날 밤 개를 발견했다.
그때 이후로 그의 단체는 그가 자신을 도와줄 직원 몇 명을 고용할 정도로 충분히 규모가 커졌다. 그들은 매달 평균 2천 마리의 실종된 애완동물을 찾는다. 당신의 애완동물이 고양이, 개, 햄스터, 새, 뱀, 거북 또는 다른 동물이든 그것은 문제가 되지 않는다. 당신이 도움을 필요로 한다면 애완동물 탐정인 Tom Watkins에게 연락해라.

문제 해설   1 Animal Search UK라는 동물 수색 단체를 설립해 실종된 애완동물을 찾아 주는 탐정인 Tom Watkins에 관해 소개하고 있으므로, ③ '실종된 애완동물을 찾아 주는 남자'가 글의 제목으로 가장 적절하다.

[문제] 글의 제목으로 가장 적절한 것은?
① 당신의 실종된 애완동물을 찾는 방법
② 애완동물은 왜 실종되는가?
④ 어떤 애완동물들이 가장 많이 실종되는가
⑤ Animal Search UK: 새로운 회사

2 개가 스스로 본 것이 아니라 목격된 지역을 수색했다는 의미가 되어야 하므로 수동태를 써야 한다. 따라서 ⑤ seen을 been seen으로 고쳐야 한다.
① 「let+목적어+동사원형」: ~가 …하게 (허락)하다
② to부정사의 부사적 용법 (목적)
③ 「consider+-ing」: ~하는 것을 고려하다
④ 접속사가 남아 있는 분사구문 (while과 listening 사이에 he was가 생략된 것으로 볼 수도 있다.)

3 Tom Watkins의 은퇴 시기에 관해서는 언급되지 않았다.
① 누가 Animal Search UK를 설립했는가? (9~10행)
② Tom Watkins는 무슨 일을 하는가? (9~10행)
③ Tom Watkins는 언제 경찰에서 은퇴했는가? (언급되지 않음)
④ Animal Search UK는 한 달에 몇 마리의 애완동물을 찾는가? (16행)
⑤ 당신이 실종된 애완동물을 찾는 데 도움이 필요하다면 무엇을 해야 하는가? (18행)

4 Tom Watkins는 실종된 개에 대한 라디오 생방송 보도를 듣고 라디오 방송국에 전화를 걸어 자신이 국내 최고의 애완동물 탐정이라고 주장했다고 했다. (12~13행)
Q Tom Watkins는 라디오 방송국에 전화했을 때 무엇을 했는가?
A 그는 그 나라 최고의 애완동물 탐정이라고 주장했다.

5 '~가 …할 정도로 충분히 -한'이라는 문장은 「형용사+enough+for+목적격+to부정사」 구문을 사용하여 표현한다.

구문 해설   **1행** You take your dog to the park and **let him run** around.
• '~하게 (허락)하다'라는 뜻의 사역동사인 let은 목적격보어로 동사원형이 온다.

11행 One night, **while (he was) listening to the radio**, he heard a live report about a missing dog.

- 접속사 while이 생략되지 않고 남아 있는 분사구문이다. while과 listening 사이에 he was가 생략된 것으로 볼 수도 있다.

13행 He went out, searched the area **where** the dog *had last been seen*, and found it that night.

- where는 장소의 관계부사로, 선행사는 the area이다.
- had been seen은 과거완료 수동태(「had+been+p.p.」)이다. 수색을 한 것보다 개가 마지막으로 목격된 것이 먼저 일어난 일이므로 과거완료로 표현했다.

15행 Since then, his agency has become **large enough** *for him* **to hire** several employees to assist him.

- 「형용사+enough+to부정사」는 '~하기에 충분히 …한'이라는 뜻이다.
- to부정사의 의미상의 주어를 나타내려면 to부정사 앞에 「for+목적격」을 쓴다.

03 The Musical Road

pp. 014 ~ 015

정답　1 ⑤　　2 ①　　3 (1) T (2) F　　4 a car driving over them would make music
5 Located, tourist, attraction

지문 해석　　　사람들은 클래식 음악을 듣고 싶을 때 라디오를 켤지도 모른다. 다른 사람들은 직접 연주회에 참석한다. 그러나 클래식 음악을 들을 수 있는 또 다른 방법이 있다. 미국 캘리포니아주의 랭커스터에 있는 G 애비뉴에 드라이브하러 가는 것이다. 그곳은 '음악을 연주하는 도로'가 있는 곳이다.

　　2008년에 일본의 한 자동차 제조업체는 독특한 광고 캠페인을 원했다. 그 회사는 음악을 연주할 수 있는 도로를 만들기로 결정했다. 여러 개의 홈이 도로에 파였다. 홈들은 그 위를 달리는 차가 음악을 만들 수 있도록 간격을 충분히 멀리 떨어뜨렸다. 음악은 조아키노 로시니의 「윌리엄 텔 서곡」의 피날레이다. 그것은 세계에서 가장 쉽게 알 수 있는 클래식 음악 작품들 중 하나이다.

　　광고 캠페인은 성공했고 그 도로 자체에 관심을 가져왔다. 오늘날 그곳은 인기 있는 관광 명소이다. 그곳에서 어떤 소리가 나는지 당신이 직접 듣고 싶다면 웨스트 30번가와 40번가 사이에 있는 G 애비뉴 위를 달려라. 소리를 더 잘 듣기 위해서는 창문을 닫아라. 그리고 또한 제한 속도로 운전해라. 당신이 너무 빠르거나 너무 느리게 운전하면 음악을 듣지 못할 것이다.

문제 해설　**1** 일본의 한 자동차 제조업체가 광고 캠페인의 일환으로 만든, 음악을 연주하는 도로에 관해 소개하고 있으므로, ⑤ '음악을 만들 수 있는 도로'가 글의 주제로 가장 적절하다.

　　① 윌리엄 텔 서곡
　　② 클래식 음악 연주회
　　③ 사람들이 매우 빨리 운전하는 도로
　　④ 음악을 연주하는 도로를 만드는 방법

2 주어진 문장 앞에는 음악을 연주할 수 있는 도로를 만들기로 결정한 주체(It)를 지칭하는 말이 나와야 하므로 ①에 들어가는 것이 가장 자연스럽다.

3 (1) 일본의 한 자동차 제조업체가 광고 캠페인을 제작하기 위해 도로에 홈을 파 음악을 연주하는 도로를 만들었다고 했다. (5~6행)
　　(2) 운전자들은 너무 빠르거나 너무 느리게 운전하면 음악을 들을 수 없다고 했다. (14행)

　　[문제] 글의 내용과 일치하면 T, 그렇지 않으면 F를 쓰시오.
　　　(1) 한 자동차 제조업체는 광고를 만들기 위해 도로를 바꾸었다.
　　　(2) 운전자들은 매우 천천히 운전함으로써 그 도로에서 음악을 들을 수 있다.

4 도로 위에 파인 홈 사이의 간격이 멀리 떨어져 있는 이유는 그 위를 달리는 차가 음악을 만들 수 있도록 하기 위해서이다. (6행)

> **Q** 도로에 홈 간격을 멀리 떨어뜨려 놓은 이유는 무엇인가?
>
> **A** 그 위를 달리는 차가 음악을 만들 수 있도록 하기 위해서 홈 간격을 멀리 떨어뜨려 놓았다.

5 캘리포니아주 랭커스터의 웨스트 30번가와 40번가 사이에 있는 G 애비뉴에 위치한 음악을 연주하는 도로는 이제 인기 있는 관광 명소이다.

구문 해설

4행 That is (**the place**) **where** the Musical Road is located.
- 관계부사 where 앞에 장소를 나타내는 선행사 the place가 생략되어 있다.

6행 They were spaced **far enough** apart *so that* a car driving over them would make music.
- far enough는 '충분히 멀리'라는 뜻으로, enough는 형용사나 부사와 함께 쓰일 때 형용사나 부사 뒤에 위치한다.
- so that은 '~할 수 있도록'이라는 뜻의 목적을 나타내는 접속사이다.

11행 If you want to hear **what it sounds like** for yourself, drive on Avenue G between 30th Street and 40th Street West.
- what it sounds like는 간접의문문으로 「의문사＋주어＋동사」의 어순에 주의한다.

04　The Day of the Dead

pp. 016 ~ 017

정답　　1 ②　　2 ③　　3 calling → called　　4 ancestor

Summary　based on, celebrated, spirits, dead

지문 해석　　2017년에 개봉한 애니메이션 영화 「코코」는 죽은 자들의 세상을 여행하는 한 어린 소년의 이야기를 말해 준다. 그곳에서 그의 행동들은 그의 조상에 대한 기억이 사라지지 않게 해 준다. 이 이야기는 '죽은 자들의 날'이라고 불리는 멕시코의 명절에 기반을 두고 있다.

'죽은 자들의 날'은 11월 1일과 2일에 기념된다. 그 이름이 암시하듯이, 그날은 죽은 사람들을 위해 열린다. 멕시코인들은 10월 31일 자정에 하늘나라의 문들이 열린다고 믿는다. 그러면 죽은 아이들의 혼령이 다음 24시간 동안 그들의 가족과 보낼 수 있다. 그 다음날에는 죽은 어른들의 혼령이 그들의 가족과 함께 하기 위해 도착한다.

죽은 조상들과 시간을 즐기기 위해서 멕시코인들은 자신들의 집에 '오프렌다스'라고 불리는 제단을 마련한다. 그들은 그것을 양초, 꽃, 그리고 혼령들이 배고프기 때문에 많은 음식으로 장식한다. 그런 다음 11월 2일 오후에 멕시코인들은 묘지를 방문한다. 그들은 무덤을 청소하고 카드놀이를 하고 음악을 듣고 고인에 대한 이야기를 나눈다. 그들에게 있어서 그것은 조상들의 혼령을 기리는 방식이다.

문제 해설　　**1** 멕시코의 명절인 '죽은 자들의 날'에 멕시코인들이 무엇을 하며 조상들의 혼령을 기리는지에 관해 소개하고 있으므로, ② '멕시코인들은 '죽은 자들의 날'을 어떻게 기념하는가'가 글의 주제로 가장 적절하다.

[문제] 글의 주제로 가장 적절한 것은?
① 애니메이션 영화 「코코」의 줄거리
③ 멕시코인들이 11월 2일에 하는 활동들
④ '죽은 자들의 날'은 어떻게 시작되었는가
⑤ '오프렌다스' 위에 사용되는 장식품들

2 애니메이션 영화 「코코」가 '죽은 자들의 날'이라고 불리는 멕시코의 명절에 기반을 두고 있으므로, ③ '그것은 애니메이션 영화 「코코」에 기반을 두고 있다.'가 틀린 설명이다.

[문제] 글에 따르면 '죽은 자들의 날'에 관한 설명이 맞지 <u>않는</u> 것은?

① 그것은 이틀에 걸쳐서 열린다.

② 멕시코인들은 죽은 조상들을 기리기 위해 그것을 기념한다.

④ 11월 1일은 죽은 아이들을 기리기 위한 날이다.

⑤ 마지막 날에 멕시코인들은 묘지를 방문한다.

3 calling *ofrendas*는 앞에 있는 명사인 altars를 수식하는 분사구인데, 명사와 분사가 수동의 관계가 되어야 하므로 calling을 called로 고친다.

[문제] 밑줄 친 문장을 읽고 틀린 곳을 바르게 고치시오.

4 '옛날에 살았지만 죽은 친척'이라는 뜻을 가진 단어는 ancestor(조상, 선조)이다. (3행)

[문제] 다음 주어진 뜻을 가진 단어를 글에서 찾아 쓰시오.

Summary [문제] 아래 주어진 단어나 어구를 활용해 빈칸을 채우시오.

기념되는	죽은	~에 기반을 둔	혼령들

애니메이션 영화 「코코」는 '죽은 자들의 날'에 기반을 둔 이야기를 말해 준다. 그날은 11월 1일과 2일에 기념된다. 멕시코인들은 그때 조상의 혼령들을 만날 수 있다고 믿는다. 그들은 '오프렌다스'를 양초, 꽃, 그리고 음식으로 장식한다. 그들은 또한 무덤을 청소하고 카드놀이를 하고 음악을 듣고 죽은 자들에 대한 이야기를 나누기 위해 묘지를 방문한다.

구문 해설 **2행** His actions there **help keep** alive the memory of his ancestor.
- help는 「help＋목적어＋동사원형」이나 목적어를 생략하고 「help＋동사원형」의 형태로 쓰인다. 이때 동사원형 대신에 to 부정사를 쓸 수 있다.

5행 **As** its name suggests, it is held for people *who* have died.
- as는 '~하듯이, ~처럼'이라는 의미의 접속사이다.
- who는 people을 선행사로 갖는 주격 관계대명사이다.

15행 For them, **it** is a way **to honor** the spirits of their ancestors.
- it은 가주어가 아니라 앞 문장의 내용을 가리키고, to honor는 진주어가 아니라 앞에 나온 명사 way를 수식하는 to부정사의 형용사적 용법으로 쓰였다.

Focus on Sentences

p. 018

A **1** 아무리 바쁘더라도 운동해라.

2 Watkins는 전에 경찰이었지만 그 일에서 은퇴했다.

3 광고 캠페인은 성공했고 그 도로 자체에 관심을 가져왔다.

4 이 이야기는 '죽은 자들의 날'이라고 불리는 멕시코 명절에 기반을 두고 있다.

B **1** He called the radio station and claimed to be the country's top pet detective.

2 They were spaced far enough apart so that a car driving over them would make music.

3 His actions there help keep alive the memory of his ancestor.

C **1** Fortunately, there are ways to cope with exam stress.

2 After hanging up the phone, you look for your dog but cannot see him anywhere.

3 If you need assistance, get in touch with the pet detective.

유형 도전　②

변형 문제　자신들이 지지하는 생각과 사람들에 대한 긍정적인 감정적인 반응을 얻고, 자신들이 반대하는 것에 대한 부정적인 감정적인 반응을 얻기 위해 언어를 선정하는 것

지문 해석　감정 언어는 다른 사람들을 고무시키고 행동하도록 격려하는 능력 때문에 귀중하다. 역사상 거의 모든 위대한 작가와 연설가들은 이런 목적으로 감정 언어를 이용해 왔으며, 우리는 그것에 관해서 운이 좋다. 이런 언어가 없다면, 의사소통은 기계적이고, 생기 없으며, 지루하고, 비효율적일 것이다. 불행하게도, 감정 언어는 또한 다른 사람이 원하는 것을 하도록 우리에게 교묘하게 강요하거나 설득하기 위해서 사용될 수도 있다. 부정직한 사람들은 우리가 그들이 말하는 것을 비판하지 않고 받아들이고, 그들이 원하는 대로 우리가 행동하도록 만들고 싶어 할 것이다. 그들은 자신들이 지지하는 생각과 사람들에 대한 긍정적인 감정적인 반응을 얻고, 자신들이 반대하는 것에 대한 부정적인 감정적인 반응을 얻기 위해 언어를 선정한다. 이런 시도는 인생의 모든 분야에서 발견될 수 있지만, 특히 정치에서 흔하다.

문제 해설　글의 처음 부분에서는 감정 언어를 사용하는 것의 좋은 점에 대해서 언급하고 나서, 중반부 이후에는 감정 언어가 어떻게 잘못 사용되고 있는지를 언급하고 있으므로, 이 글의 주제로 ② '감정 언어의 좋고 나쁜 사용'이 적절하다.

① 단어의 숨겨진 의미를 파악하는 방법
③ 감정과 언어 사이의 관계
④ 감정 발달에 있어서의 언어의 역할
⑤ 정치학에서의 감정 언어의 중요성

변형 문제　Such attempts는 앞에 나온 문장 전체 내용을 지칭한다. (7~8행)

구문 해설　**4행**　Unfortunately, emotional language can also be used to skillfully *force* or *persuade us to do* [**what others want**].
- [ ]로 표시된 부분은 관계 대명사 what이 이끄는 명사절로 동사 do의 목적어이다.
- 「force+목적어+to do」 구문은 '~가 …하도록 강요하다'의 의미이고, 「persuade + 목적어 + to do」 구문은 '~가 … 하도록 설득하다'의 의미이다.

6행　Dishonest people would prefer to **have** us **accept** [*what they say*] uncritically and to act as they want us to.
- have는 사역동사이기 때문에, 목적 보어 자리에 동사 원형인 accept가 나왔다.
- [ ]로 표시된 부분은 관계 대명사 what이 이끄는 명사절로 동사 accept의 목적어이다.

7행　They choose language to get positive emotional responses to **ideas and people** [**they support**] and negative emotional responses to *those* [**they oppose**].
- 두 개의 [ ]는 각각 앞에 나온 ideas and people과 those를 수식하는 관계절이다.
- those는 앞에 나온 ideas and people를 받는 대명사이다.

05 A Creative Traffic Campaign

정답 1 ② 2 ④ 3 ③ 4 the frightened looks on pedestrians' faces
5 ⓐ a camera ⓑ a message

지문 해석 당신은 신호등이 빨간색일 때 길을 건너본 적이 있는가? 아마도 당신은 급했을 것이다. 그리고 아마도 당신은 자신을 향해 빠르게 오고 있는 자동차를 보지 못 했을 것이다. 운전자는 브레이크를 힘껏 누르고 경적을 크게 울렸다. 그는 당신을 치지 않았지만 하마터면 칠 뻔 했다. 당신은 그때 당신의 얼굴에 떠오른 공포의 모습을 상상할 수 있는가?

2017년 프랑스에서는 도로교통안전관리공단이 교통 캠페인을 시작했다. 파리에서는 매년 4,500명이 넘는 사람들이 교통사고로 다쳤다. 그 조직(도로교통안전관리공단)은 교통사고 수를 줄이고 싶어 했다. 그래서 구성원들은 동작 탐지기와 숨겨진 스피커를 파리의 횡단보도들에 설치했다. 만약 사람들이 빨간 불일 때 길을 건너면, 끽 하고 자동차 브레이크를 밟는 소리들이 재생됐다.

그들이 왜 이 일을 한 것일까? 카메라도 있었다. 그것은 보행자들의 겁을 먹은 표정을 찍었다. 그런 다음, 그것은 사람들이 보도록 디지털 정보 화면에 그 사진들을 전시했다. 화면에는 메시지가 있었다. 그것은 "죽음의 얼굴을 응시하는 위험을 무릅쓰지 마세요. 길을 건널 때는 보행신호에 집중하세요."라는 내용이었다.

문제 해설 **1** 빨간 불일 때 길을 건너면 끽 하고 자동차 브레이크를 밟는 소리들이 재생된다고 했다. (11~12행)

2 주어진 문장 앞에는 동작 탐지기와 숨겨진 스피커를 파리의 횡단보도들에 설치한 이유가 나와야 하므로 ④에 들어가는 것이 가장 자연스럽다.

[문제] 글의 흐름으로 보아, 주어진 문장이 들어가기에 가장 적절한 곳은?

3 이 글은 사람들이 신호등이 빨간색일 때 길을 건너지 않게 하기 위해 프랑스에서 시작한 교통캠페인에 대한 내용이다. 따라서 빈칸에 들어갈 문장은 길을 건널 때는 보행신호에 집중하라는 내용이 되는 것이 자연스러우므로, ③ '보행신호에 집중하라'가 알맞은 답이다.

① 자전거를 조심하라
② 숨겨진 카메라를 찾아라
④ 통화를 멈춰라
⑤ 파리의 교통 상황에 대해 생각하라

4 세 번째 단락의 'There was also a camera.' 뒤에 카메라가 찍은 것이 언급되어 있다. (13~14행)

Q 카메라는 무슨 사진을 찍었는가?
A 보행자들의 겁을 먹은 표정을 찍었다.

5 ⓐ와 ⓑ는 각각 앞 문장에 나온 a camera와 a message를 가리킨다.

구문 해설 **1행** **Have** you ever **crossed** the street when the crosswalk light is red?
• have crossed는 경험을 나타내는 현재완료이다. 경험을 나타내는 현재완료는 주로 ever, never, before 등의 부사와 함께 쓰인다.

3행 And maybe you did not see the car **speeding toward you**.
• speeding toward you는 「주격 관계대명사+be동사」가 생략되어 만들어진 현재분사구로 the car를 뒤에서 꾸민다.

6행 He did not hit you, but he nearly **did**.
• 두 번째로 쓰인 did는 앞에 나온 hit you를 대신하는 대동사로 쓰였다.

Then, it displayed the pictures on a digital information screen *for the people* **to see**.
- to see는 to부정사의 부사적 용법으로 목적을 나타낸다.
- for the people은 뒤에 나오는 to부정사 to see의 의미상 주어이다

06 The Invention That Made Peace with Lions pp. 024 ~ 025

정답　　1 ①　　　2 ③　　　3 (1) F (2) T　　　4 사자들이 농부들의 소를 죽이는 것　　　5 fire, scarecrow

지문 해석　　사자를 포함하여 많은 야생 동물들이 케냐의 나이로비 국립공원에 산다. 많은 농부들 또한 공원 옆에 살고 있다. 사자들은 때때로 공원을 나와 밤 늦게 농부들의 소를 죽인다. 한 소년이 이 문제를 막을 방법을 오랫동안 열심히 생각했다.

처음에 그는 사자들을 겁주기 위하여 불을 사용해 봤지만, 그것은 실제로 그들이 밤에 더욱 선명하게 보는 데 도움이 되었다. 그 다음으로 그는 허수아비를 사용했다. 그것은 처음에는 효과가 있었지만, 그러다가 사자들은 그것이 움직이지 않는다는 것을 깨달았다. 그래서 그들은 다음 번에는 그것을 그냥 무시하고 소들을 죽였다.

어느 날 밤 그 소년은 자신의 소들을 보호하기 위해 밖에서 걸어 다니고 있었다. 사자들은 그날 밤 오지 않았고, 그는 그 이유를 알아차렸다. 바로 그의 손전등에서 나오는 움직이는 불빛이었다. 그래서 그는 밤에 불빛이 켜졌다 꺼졌다 하게 하는 장치를 발명했다. 사자들은 오는 것을 멈추었고, 그는 더 이상 자신의 소들을 지키느라 밤에 깨어 있을 필요가 없었다.

그때 이후로 다른 농부들은 그의 발명품을 사용하기 시작해 왔다. 그것은 그들의 소를 안전하게 지켜 주고, 그들은 자신들의 동물을 공격하는 사자들에게 총을 쏠 필요가 없다. 그런 방식으로 그들은 사자들과 화해한 발명품을 갖고 있다.

문제 해설　　1 한 소년이 사자들에 의해 농부들의 소가 죽임을 당하는 것을 막을 방법을 찾던 중, 손전등의 불빛을 보고 사자가 더 이상 접근하지 않는다는 것에 착안해 불빛이 켜졌다 꺼졌다 하게 하는 장치를 발명했다는 내용이다. 따라서 ① '한 소년이 어떻게 사자들을 겁주는 법을 알게 되었는가'가 글의 주제로 가장 적절하다.

② 사자들은 왜 소년의 농장을 공격했는가
③ 아프리카의 어디에 야생 동물들이 사는가
④ 어디에서 사자들과 인간들이 함께 사는가
⑤ 어떤 동물들이 나이로비 국립공원에 사는가

2 소년은 사자들을 겁주기 위해 불과 허수아비를 사용해 봤지만 효과가 없었고, 손전등에서 나오는 움직이는 불빛을 보았을 때 사자들은 더 이상 오지 않았다고 했으므로 ③이 정답이다. (12~14행)

3 (1) 사자를 포함하여 많은 야생 동물들이 케냐의 나이로비 국립공원에 살고, 많은 농부들은 공원 옆에 살고 있다고 했다. (1~4행)

　　(2) 다른 농부들도 그들의 소를 안전하게 지키기 위해 그의 발명품을 사용하고 있는 중이라고 했다. (17~18행)

　　　(1) 농부들의 소들은 나이로비 국립공원에 산다.
　　　(2) 많은 사람들이 자신들의 소를 보호하기 위해 소년의 발명품을 사용한다.

4 this problem은 나이로비 국립공원에 사는 사자들이 공원을 나와 밤 늦게 농부들의 소를 죽이는 것을 가리킨다.

　　[문제] 글의 밑줄 친 @this problem이 가리키는 것을 우리말로 쓰시오.

5 소년은 불과 허수아비를 사용하여 사자들을 겁주려고 했지만 그것들은 효과가 없었다.

6행 One boy thought long and hard about **how to stop** this problem.
- 「how+to부정사」는 '~하는 방법, 어떻게 ~해야 할지'라는 뜻이다. 「의문사+to부정사」는 주로 동사의 목적어 역할을 한다.

15행 The lions **stopped coming**, and he no longer had to stay up at night to protect his cows.
- stop은 동명사를 목적어로 취해 '~하는 것을 멈추다'라는 뜻으로 쓰인다. stop 뒤에 to부정사가 오면 '~하기 위해서'라는 뜻의 목적을 나타내는 to부정사의 부사적 용법이다.

17행 Since then, other farmers **have begun** using his invention.
- have begun은 현재완료의 계속 용법으로, 과거에 시작된 일이 현재에도 계속되고 있음을 나타낸다. 현재완료의 계속은 주로 since, for 등과 함께 쓰인다.

07 Buy Nothing New Month

pp. 026 ~ 027

정답   1 ②   2 ①   3 ③   4 one, new, necessities   5 ⓐ suggested ⓑ to ask

지문 해석   쇼핑은 많은 사람들에게 흔한 활동이다. 물론 사람들은 음식과 옷과 같은 필수품을 구입해야 한다. 그러나 그들은 또한 그들이 정말로 필요하지 않은 많은 물품에 돈을 낭비한다. 몇 년 전에 '새 물건을 사지 않는 달'이 호주의 멜버른에서 제안되었다. 처음에는 소수의 사람들이 그것을 시도했지만, 그 아이디어는 최근에 전 세계로 퍼졌다.

'새 물건을 사지 않는 달'은 사람들이 한 달 내내 돈을 전혀 쓰지 말아야 한다는 것을 의미하지 않는다. 대신에 그것은 사람들이 물건을 구입하기 전에 다음과 같은 질문들을 자문해 볼 것을 권장한다. 그것이 정말로 필요한가? 내가 그것이 필요하다면 중고로 살 수 있는가? 그것을 사용료를 내고 빌릴 수 있는가? 또는 그것을 뭔가 다른 물건과 친구와 교환할 수 있는가?

'새 물건을 사지 않는 달'의 목적은 사람들에게 자원이 무한하지 않다는 것을 상기시키는 것이다. 사람들은 덜 사고 더 아껴야 한다. 그것은 환경 보호에 도움이 될 것이다. 그것을 한번 시도해 보는 게 어떤가? 한 달을 선택한 다음, 그 달 동안 신규 구입을 줄이거나 없앨 수 있는지 확인해라.

문제 해설   **1** 유한한 자원을 아끼자는 취지로 호주의 멜버른에서 시작된 Buy Nothing New Month(새 물건을 사지 않는 달)에 관해 소개하고 있으므로, ② '30일 동안 새 물건 사지 않기'가 글의 제목으로 가장 적절하다.

① 중고품을 사자
③ 우리가 소유하고 있는 물건들 버리기
④ 우리는 왜 그렇게 많은 돈을 쓰는가?
⑤ 새 물건을 사지 않는 달: 누가 그것을 시작했는가?

2 빈칸 앞의 내용과 다른 내용을 연결하고 있으므로, 선호나 대안을 나타내는 연결사인 ① '대신에'가 들어가는 것이 가장 자연스럽다.

② 그러므로 ③ 놀랍게도 ④ 예를 들어 ⑤ 그 결과

3 Buy Nothing New Month가 사람들이 한 달 내내 돈을 전혀 쓰지 말아야 한다는 것을 의미하지는 않는다고 했으므로, ③이 글의 내용과 일치하지 않는다. (7~8행)

4 Buy Nothing New Month는 음식과 옷과 같은 필수품을 제외하고 새 물건을 사지 않는 한 달간의 도전이다.

[문제] 글의 내용과 일치하도록 빈칸에 알맞은 단어를 본문에서 찾아 쓰시오.

5 ⓐ 주어와 수동의 관계이므로 수동태로 표현해야 한다. 따라서 suggest를 과거분사인 suggested로 고친다.
ⓑ encourage는 목적격보어로 to부정사를 취하는 동사이다. 따라서 ask를 to ask로 고친다.

1행 Of course, people **have to** buy necessities such as food and clothing.
- have to는 '~해야 한다'라는 뜻으로 필요나 의무를 나타내는 조동사이다. 반면에 ought to나 should는 마땅히 해야 하는 일에 사용한다.

13행 The purpose of Buy Nothing New Month is **to remind** people that resources are not limitless.
- to remind는 보어로 쓰인 to부정사의 명사적 용법으로, '상기시키는 것'이라고 해석한다.

17행 Choose a month and then see **if** you can reduce or eliminate your new purchases during it.
- if는 '~인지 (아닌지)'라는 뜻으로 명사절을 이끄는 접속사이다. 이때 if는 whether로 바꾸어 쓸 수 있다.

---

08 The *Inmyeonjo*: The Legendary Bird of Peace

pp. 028 ~ 029

정답   1 ①   2 ⑤   3 during the Goguryeo Period   4 mythology

Summary   ceremony, resembling, connect, unity

지문 해석   2018 동계 올림픽이 한국의 평창에서 개최되었다. 전 세계 수백만 명이 개회식을 지켜보았다. 개회식 동안 시청자들은 그들이 무대 위에서 갑자기 거대한 동물을 보았을 때 깜짝 놀랐다. 그것은 인간의 얼굴을 가진 새를 닮았다.
어떤 시청자들은 그것이 새의 몸과 여자의 얼굴을 가진 그리스의 전설적인 괴물이라고 생각했다. 그 대신에 그들이 보고 있었던 것은 인면조였다. 문자 그대로 '인간의 얼굴을 한 새'를 의미하는 그것은 동아시아의 신화에 나오는 동물이다. 인면조는 한국 역사에서 고구려 시대에 처음 나타났다. 고대의 무덤 위에는 이 새의 그림들이 있다. 그리고 심지어 인면조를 그린 동굴 벽화들도 있다.
그렇다면 인면조가 왜 올림픽에 등장했을까? 답은 간단하다. 전설에 따르면 인면조는 지구상에 평화가 있을 때 나타난다. 그것은 하늘과 땅을 천 년 동안 연결해 줄 수 있다고 추정된다. 그것은 통합의 상징이다. 올림픽은 사람들과 나라들이 하나가 되는 것과 관련이 있기 때문에 그것은 2018 동계 올림픽의 완벽한 상징이었다.

문제 해설   **1** ①은 the opening ceremony를 가리키는 반면, ②~⑤는 *inmyeonjo*를 가리킨다.
　[문제] 가리키는 대상이 <u>다른</u> 것을 고르시오.

2 인면조는 그리스의 전설적인 괴물이 아니라 동아시아의 신화에 나오는 동물이라고 했으므로, ⑤ '그것은 그리스 괴물의 영향을 받았다.'가 글의 내용과 일치하지 않는다. (10~11행)
　[문제] 글에 따르면 인면조에 관한 설명이 맞지 않는 것은?
　　　① 그것은 2018 동계 올림픽에 등장했다. (1~7행)
　　　② 그것은 사람의 얼굴을 가진 새를 닮았다. (6~7행)
　　　③ 그것은 신화 속 동물이다. (10~11행)
　　　④ 무덤에 그것의 그림들이 있다. (12~13행)

3 인면조는 한국 역사에서 고구려 시대에 처음 나타났다고 했다. (11~12행)
　[문제] 인면조는 한국 역사에서 언제 처음 등장했는가?
　　　→ 그것은 한국 역사에서 <u>고구려 시대</u>에 처음 등장했다.

4 '사실이거나 혹은 사실이 아닐 수도 있는, 예전부터 내려오는 이야기들의 모음집'이라는 뜻을 가진 단어는 mythology (신화)이다. (11행)
　[문제] 다음 주어진 뜻을 가진 단어를 글에서 찾아 쓰시오.

Summary [문제] 아래 주어진 단어나 어구를 활용해 빈칸을 채우시오.

닮은	연결하다	의식	통합

한국의 평창에서 열린 2018 동계 올림픽에서 개회<u>식</u> 동안 인면조가 등장했다. 그것은 인간의 얼굴을 가진 새를 <u>닮은</u> 신화 속 동물이다. 그것은 한국 역사에서 고구려 시대에 처음 나타났다. 인면조는 천 년 동안 하늘과 땅을 <u>연결해</u> 줄 수 있다고 추정된다. 그것은 또한 <u>통합</u>의 상징이므로 올림픽에 적절하다.

구문 해설

9행 Instead, **what** they were seeing was an *inmyeonjo*.
- what은 선행사를 포함한 관계대명사로, '~하는 것'으로 해석한다. 관계대명사 what이 이끄는 절이 주어로 쓰일 때 동사는 단수로 취급한다.

12행 **There are** drawings of it on ancient tombs.
- 'There is/are ~'는 '~이 있다'라는 뜻으로, be동사 뒤에 단수명사가 나오면 'There is ~'를 쓰고 복수명사가 나오면 'There are ~'를 쓴다.

17행 **Since** the Olympics are about people and countries coming together, it was the perfect symbol for the 2018 Winter Olympics.
- since는 '~이기 때문에'라는 뜻의 이유를 나타내는 접속사로 쓰였다.

Focus on **Sentences**

p. 030

A
1 길을 건널 때는 보행신호에 집중하세요.
2 처음에 그는 사자들을 겁주기 위하여 불을 사용해 봤다.
3 사람들은 덜 사고 더 아껴야 한다.
4 그것은 인간의 얼굴을 가진 새를 닮았다.

B
1 So he invented a device <u>which made lights flash on and off at night</u>.
2 <u>They do not have to shoot any lions</u> attacking their animals.
3 <u>It encourages people to ask themselves the following questions</u> before they buy something.

C
1 It took <u>pictures</u> of the frightened looks on pedestrians' faces.
2 In that way, they have an invention that has <u>made peace</u> with lions.
3 They also <u>waste their money</u> on lots of items they do not really need.

유형 도전   ④

변형 문제   그녀 곁을 떠난 것을 후회하고 있다.

- -

지문 해석   그가 그녀를 떠난 후 처음 이틀 동안은 Sam은 Elizabeth의 눈물로 뒤덮인 얼굴을 마음에서 지울 수 없었다. 아무도 없이 혼자 그는 외로웠다. 그는 뒤를 돌아보았고, 그녀가 시야에서 사라질 때까지 그녀가 점점 더 작아지는 것을 지켜보았었다. 그는 모든 것이 계획대로 진행된다면 일주일도 채 안 되서 그들은 다시 함께 있을 것이라는 생각으로 자신을 위로하려고 노력했지만, 그전에 해야 할 일이 많았다. 그리고 요즘은 상황이 거의 계획대로 진행되는 것처럼 보이지 않았다. Sam은 자신이 그녀를 떠나지 말았어야 했다고 이미 고통스럽게 생각하고 있었다. 그녀와 떨어져 있는 것이 옳다고 여겨지지 않았다. 억지로라도 그의 마음을 정리하고 앞에 놓인 것에 집중하기 위해서, 그는 창밖을 바라보았다. 늦가을 오후의 하늘은 흐리고 비로 가득 차 있었다.

문제 해설   Sam은 Elizabeth와 헤어질 때 그녀의 울던 모습을 머릿속에서 지울 수 없었고, 그녀의 곁을 떠난 후에 매우 외로워하고 있으며 후회하고 있다. 이런 Sam의 심경으로 ④ '우울하고 후회스러운'이 적절하다.

① 침착하고 안도한
② 무관심하고 지루한
③ 무섭고 겁먹은
⑤ 흥분되고 기대하는

변형 문제   'Sam was already painfully thinking that he should not have left her.'에서 정답을 추론할 수 있다. (6행)

구문 해설   **2행** He'd looked back and **watched** her **grow** *smaller and smaller* until she'd disappeared from view.
- 지각 동사 watch의 목적 보어 자리에 원형 부정사인 grow가 나왔다.
- 「비교급+and+비교급」은 '더욱 ~한'의 의미이다.

3행 He tried to comfort himself with the **thought** [that if everything went according to plan, they **would be back together in less than a week**].
- [ ]로 표시된 부분은 thought와 동격 관계에 있으며, that은 동격절을 이끄는 접속사이다.

7행 [Forcing himself to clear his mind and to focus on {*what was ahead*}], he looked out the window.
- [ ]로 표시된 부분은 분사구로 주어인 he를 부연설명하고 있다.
- { }로 표시된 부분은 관계 대명사 what이 이끄는 명사절로 전치사 on의 목적어이다.

09 New Extreme Zorbing

정답

1 ①　　2 ③　　3 ④　　　4 that → which

5 at theme parks in New Zealand and the United Kingdom

지문 해석　　햄스터볼을 본 적이 있는가? 그것은 햄스터 한 마리가 들어갈 만한 크기의 작은 플라스틱 공이다. 햄스터가 안에 들어가 움직이기 시작하면 햄스터가 안에 있는 채로 공이 굴러간다. 그것이 어떤 느낌일지 당신은 궁금하게 여겨 본 적이 있는가? 이제 더 이상 궁금해 할 필요가 없다. 조빙(zorbing)을 하기 시작한다면 당신 스스로 알 수 있다.

1994년에 두 명의 뉴질랜드인인 Andrew Akers와 Dwane van der Sluis는 재미있게 놀고 싶었다. 그래서 그들은 사람들이 들어갈 만한 크기의 투명한 플라스틱 공을 만들기로 결심했다. 사람들은 그 안에서 움직임으로써 공이 굴러가게 만들 수 있었다. 그러한 활동은 처음에 오빙(orbing) 또는 스피어링(sphering)이라고 불렸지만, 나중에 공이 조브라고 불리는 동안 조빙으로 알려지게 되었다.

대부분의 사람들은 완만한 경사지에서 조빙을 하는데, 이것은 조브에 탄 사람들이 여러 가지 방식으로 움직이는 것을 가능하게 한다. 하지만 다른 사람들은 평지에서 조브를 사용하는 것을 선호한다. 요즈음에는 조빙이 뉴질랜드와 영국의 테마파크에서 인기를 얻고 있고, 어떤 사람들은 조빙을 하는 새로운 방법들을 만들어 내고 있다. 예를 들어, 어떤 사람들은 물 위에 뜨기 위해 조브를 사용하는 반면, 다른 사람들은 조브 안에 실제로 물을 넣는다.

문제 해설　　1 ①은 Andrew Akers and Dwane van der Sluis를 가리키는 반면, ②, ④, ⑤는 조빙에 사용되는 투명한 플라스틱 공을 각기 다르게 표현한 것이다. ③ 또한 spheres를 가리킨다.

2 빈칸이 있는 문장은 앞에서 언급한 조빙을 하는 새로운 방법들에 대한 예시에 해당하므로, '예를 들어'라는 뜻의 연결사 ③ For instance가 가장 적절하다.

[문제] 글의 빈칸에 들어갈 말로 가장 적절한 것은?

① 게다가　② 그 결과　④ 즉, 다시 말해서　⑤ 다른 한편으로는

3 사람들이 조빙을 언제 가장 즐기는지에 관해서는 글에서 언급되지 않았다.

① 누가 그것을 만들었는가 (9~10행)

② 사람들은 그것을 어떻게 할 수 있는가 (11~12행)

③ 사람들은 그것을 어디에서 하는가 (15~16행)

④ 사람들은 언제 그것을 가장 즐기는가 (언급되지 않음)

⑤ 사람들이 조브 안에 실제로 무엇을 넣는가 (19~20행)

4 관계대명사 that은 계속적 용법으로 쓸 수 없으므로 which로 고친다.

5 요즈음에는 조빙이 뉴질랜드와 영국의 테마파크에서 인기를 얻고 있다고 했다. (17~18행)

Q 조빙은 어디에서 인기를 얻고 있는가?

A 그것은 뉴질랜드와 영국의 테마파크에서 인기를 얻고 있다.

구문 해설　　**5행**　Have you ever wondered **what that would feel like**?

• what that would feel like는 간접의문문으로 「의문사+주어+동사」의 어순에 주의한다.

15행　Most people do zorbing on gentle slopes, **which *allow* riders to move** in a variety of ways.

• which는 계속적 용법으로 쓰인 관계대명사이다. 선행사가 gentle slopes이므로 동사는 복수형인 allow가 쓰였다.

• 「allow+목적어+to-v」는 '~가 …하는 것을 허용하다'라는 뜻이다.

For instance, some riders use their zorbs to float on water **while** others actually put water inside their zorbs.
- while은 '~인 반면에'라는 뜻의 대조를 나타내는 접속사이다.

10 Zombie Deer

pp. 036 ~ 037

정답   1 ④   2 ④   3 (1) T (2) F   4 moved to humans   5 zombies, humans

지문 해석   좀비 영화는 공포 영화만큼 무섭다. 이 영화에서 좀비는 스스로 생각할 수 없는, 죽지 않은 생물체이다. 그들의 유일한 목표는 인간과 같은 살아 있는 생물을 먹기 위해 그것을 찾는 것이다. 다행히도 좀비 같은 것은 없다. 아니 있을까?

1967년부터 과학자들은 만성 소모성 질병이라고 불리는 병에 대해 알고 있었다. 그것은 심각하게 체중이 감소하고, 무표정해지고, 사람들에 대한 두려움이 없어지고, 균형 감각을 상실하고, 침을 흘리는 증상을 일으킨다. 기본적으로 그것은 그 병에 걸린 병자들이 좀비처럼 행동하게 만든다. 그래서 이 병은 흔히 좀비 사슴병이라고 불린다.

사슴이라고? 그렇다. 그것은 사슴과 순록, 무스, 엘크를 포함하여 그들과 비슷한 다른 동물들에게 발생한다. 이 병에 걸린 사슴들이 미국과 캐나다의 많은 지역에서 발견되어 왔다. 지금까지 이 병은 인간에게 전염되지 않았다. 그러나 과학자들은 광우병이 그랬던 것과 같은 방식으로 그것이 인간에게 전염될지도 모른다고 생각한다. 만약에 그러한 일이 생긴다면 우리는 미래에 진짜 인간 좀비를 보게 될지도 모른다.

문제 해설   **1** 사슴을 좀비처럼 행동하게 만드는 병인 chronic wasting disease(만성 소모성 질병)의 증상에 관해 설명하고 있으므로, ④ '사슴을 좀비로 변하게 만드는 병'이 글의 주제로 가장 적절하다.

① 광우병의 원인
② 인간을 좀비로 변하게 만드는 사슴
③ 사슴과 인간에게 발생하는 병
⑤ 요즘에 그렇게 많은 사슴들이 죽어 가고 있는 이유

2 'It causes severe weight loss, a blank facial expression, a lack of fear of people, a loss of balance, and drooling.'에서 체중 감소, 무표정, 균형 감각 상실, 침 흘림 등이 만성 소모성 질병의 증상으로 소개되었다. ④ '걸음걸이 이상'은 만성 소모성 질병의 증상으로 언급되지 않았다.

[문제] 글에 따르면 chronic wasting disease의 증상이 <u>아닌</u> 것은?

3 (1) 만성 소모성 질병은 사슴과 순록, 무스, 엘크를 포함하여 그들과 비슷한 다른 동물들에게 발생한다고 했다. (12~13행)
(2) 지금까지 만성 소모성 질병은 인간에게 전염되지 않았지만 광우병처럼 인간에게 전염될지도 모른다고 했다. (14~17행)

(1) 만성 소모성 질병은 사슴과에 속하는 동물에서만 발생한다.
(2) 인간은 미래에 절대로 만성 소모성 질병에 걸리지 않을 것이다.

4 did는 moved to humans 대신에 쓰인 대동사이다.

5 만성 소모성 질병은 사슴이 <u>좀비</u>처럼 행동하게 만드는데, 1967년에 처음 발견되었고, 지금까지 <u>인간</u>에게 감염된 사례는 보고되지 않았다.

구문 해설   **4행** Their only objective is **to find** living creatures such as humans *in order to eat* them.
- to find는 보어로 쓰인 to부정사의 명사적 용법이다.
- 「in order to+동사원형」은 '~하기 위해서'라는 뜻의 목적을 나타낸다.

Since 1967, scientists **have known** about a disease *called chronic wasting disease.*

- have known은 현재완료의 계속 용법으로, 1967년부터 지금까지 계속되는 일을 나타낸다. 현재완료의 계속은 주로 since, for 등과 함께 쓰인다.
- called chronic wasting disease는 앞의 명사 a disease를 수식하는 과거분사구이다.

15행 But scientists think it might move to humans the same way mad cow disease **did**.

- did는 moved to humans 대신에 쓰인 대동사이다.

11 Nuts: Nature's Cancer Fighters

정답　　1 ③　　2 ①　　3 ①, ④　　4 lower their odds of getting breast cancer　　5 flavonoids

지문 해석　　수십 년 동안 사람들은 '하루에 사과 한 개를 먹으면 의사가 필요 없다.'라는 표현을 말해 왔다. 그들은 '하루 한 줌의 견과류는 암에 걸리지 않게 한다.'라는 새로운 표현을 쓰기 시작해야 할지도 모른다. 그렇다. 견과류를 먹는 것은 사람들이 암에 걸릴 가능성을 줄일 수 있는 훌륭한 방법이다.

온갖 종류의 견과류가 있다. 많은 사람들이 땅콩, 호두와 피칸을 간식으로 먹는 것을 즐긴다. 최근 몇 년 동안 연구원들은 견과류에 대한 수많은 연구를 해 왔다. 그들은 견과류를 먹는 사람들이 많은 건강상의 이점을 얻는다는 것에 주목했다. 그 중에는 암에 걸릴 더 낮은 가능성이 있다. 견과류에 들어 있는 플라보노이드는 신체를 건강하게 유지하는 데 도움을 주는데, 이것이 암 예방을 돕는다.

호두는 특히 유용한 것 같다. 그것은 몇몇 암과 관련된 부종을 줄이는 데 효과적이고, 또한 심장병이나 당뇨병에 걸릴 가능성을 낮춘다. 땅콩, 호두나 아몬드를 많이 먹는 여성들은 유방암에 걸릴 가능성을 줄일 수 있다. 뿐만 아니라 견과류를 먹는 여자아이들은 성인이 되어 유방암에 걸릴 가능성이 40퍼센트 더 낮다.

그러니 다음번에 간식이 먹고 싶을 때 견과류를 먹어라. 그것은 가장 맛있는 간식 중 일부이고 당신을 건강하게 유지시켜 줄 수 있다.

문제 해설　　**1** 견과류가 암에 걸릴 가능성을 줄일 수 있다고 언급하며 견과류의 건강상의 이점을 구체적으로 설명하고 있으므로, ③ '견과류의 건강상의 이점'이 글의 주제로 가장 적절하다.

　　[문제] 글의 주제로 가장 적절한 것은?
　　　　① 견과류에 들어 있는 플라보노이드
　　　　② 먹기에 가장 좋은 간식
　　　　④ 유방암에 가장 좋은 견과류
　　　　⑤ 건강에 좋은 견과류의 여러 종류

2 ① 동명사(구)가 주어로 쓰이는 경우 단수 취급하므로 are를 is로 고친다.
　　② enjoy는 동명사를 목적어로 취하는 동사이다.
　　③ 도치구문으로 주어는 a lower probability of getting cancer이므로 is는 어법상 옳다. (구문 해설 참조)
　　④ which는 계속적 용법의 관계대명사로 쓰였다. (구문 해설 참조)
　　⑤ associated with some cancers가 앞의 명사 swelling을 수식하는 과거분사구이다. 수식 받는 명사와 수동의 관계이므로 과거분사가 쓰였다.

3 두 번째 단락에서 견과류를 먹으면 암에 걸릴 가능성이 더 낮아진다고 했고(11~12행), 세 번째 단락에서는 견과류 중 특히 호두가 몇몇 암과 관련된 부종을 줄이는 데 효과적이고 심장병이나 당뇨병에 걸릴 가능성을 낮춘다고 했다. (14~16행)

4 땅콩, 호두나 아몬드를 많이 먹는 여성들은 유방암에 걸릴 가능성을 줄일 수 있다고 했다. (16~18행)
　　Q 여자들은 땅콩, 호두나 아몬드를 먹는 것으로부터 어떤 이득을 볼 수 있는가?
　　A 그들은 <u>유방암에 걸릴 가능성을 줄일</u> 수 있다.

5 견과류에 들어 있는 플라보노이드라는 성분이 신체를 건강하게 유지하는 데 도움을 주고, 이것이 암 예방을 돕는다고 했다. (12~13행)

구문 해설

[5행] The reason is that **eating nuts is** a great way for people *to reduce* their chances of getting cancer.
- eating nuts는 '견과류를 먹는 것'이라는 뜻의 동명사구이다. 동명사구가 주어로 쓰이면 단수 취급하므로 단수 동사 is가 쓰였다.
- to reduce는 to부정사의 형용사적 용법으로 앞의 명사인 a great way를 수식한다.

[11행] **Among them is a lower probability of getting cancer**.
- 'A lower probability of getting cancer is among them.'에서 among them이 문두로 나오면서 주어와 동사가 도치된 문장이다.

[12행] The flavonoids in nuts help keep bodies healthy, **which** helps prevent cancer.
- which는 계속적 용법의 관계대명사로, 앞의 절 전체를 선행사로 받는다.

12 Just Climb through It

pp. 040 ~ 041

정답 1 ③   2 ①   3 The climbers use very little equipment.   4 endurance

Summary talented, strength, youngest, turning

지문 해석

대부분의 십대들은 주말을 친구들과 어울려 놀거나 온라인에서 소셜미디어 페이지를 업데이트하면서 보낸다. (B) 그들은 또한 숙제를 하거나 가족들과 시간을 보낼지도 모른다. (C) 그러나 Ashima Shiraishi는 대부분의 십대들과 다르다. (A) 그녀는 암벽 등반을 하면서 주말을 보낸다.

Shiraishi는 6살 때 암벽 등반을 시작했다. 그녀는 그것을 매우 좋아했고 꽤 재능이 있는 것으로 판명되었다. 암벽 등반은 등반가들이 장비를 거의 사용하지 않기 때문에 믿기 어려울 정도로 위험하다. 그것은 또한 강한 체력, 인내심과 집중력을 요구한다.

2016년에 Shiraishi는 일본의 히에이 산을 등반했다. 그녀가 택한 루트는 난이도가 V15이다. V16이 가장 높은 등급이다. 그녀는 14살이 되기 일주일 전에 그것을 했기 때문에 V15을 완등한 세계에서 가장 어린 사람이 되었다. 그때 이후로 그녀는 수많은 등반 기록을 세웠고, 세계 최고의 암벽 등반가들 중 한 명으로 널리 간주된다.

Shiraishi는 자신의 재능에도 불구하고 자신을 평범한 십대라고 생각하는 것을 좋아한다. 그녀는 열심히 공부하고 집에서 요리하는 것을 즐긴다. 그녀는 심지어 자신이 꽤 서투르고 물건을 항상 떨어뜨린다고 말한다. 그러나 산에서는 그녀에 관해 서투른 것은 없다.

문제 해설

1 (B)의 They는 첫 문장의 주어인 Most teens를 가리키므로 (B)가 제일 먼저 와야 하고, 이어서 대부분의 십대들과 다른 Ashima Shiraishi를 소개한 후 그녀가 주말에 하는 활동을 언급하는 것이 자연스럽다. 따라서 (B)－(C)－(A)의 순서가 되어야 한다.

[문제] 문장 (A) ~ (C)를 글의 흐름에 맞게 배열한 것은?

2 Ashima Shiraishi는 대부분의 십대들과 달리 주말에 암벽 등반을 한다고 했으므로, ① '그녀는 숙제를 하면서 주말을 보낸다.'가 틀린 설명이다. (4~5행)

[문제] 다음 중 Ashima Shiraishi에 관한 설명이 맞지 <u>않는</u> 것은?
② 그녀는 어렸을 때 암벽 등반을 시작했다. (8행)
③ 그녀는 13살에 V15을 완등했다. (13~15행)
④ 그녀는 암벽 등반에서 몇몇의 기록들을 세웠다. (15~16행)
⑤ 그녀는 자신이 매우 특별하다고 생각하지 않는다. (17~18행)

3 암벽 등반은 등반가들이 장비를 거의 사용하지 않기 때문에 믿기 어려울 정도로 위험하다고 했다. (9~10행)

[문제] 암벽 등반은 왜 위험한가?

→ 등반가들은 장비를 거의 사용하지 않는다.

4 '오랜 기간 동안 육체적 활동을 할 수 있는 능력'이라는 뜻을 가진 단어는 endurance(인내, 참을성)이다. (11행)

[문제] 다음 주어진 뜻을 가진 단어를 글에서 찾아 쓰시오.

Summary [문제] 아래 주어진 단어나 어구를 활용해 빈칸을 채우시오.

체력	~살이 되기	재능이 있는	가장 어린

Ashima Shiraishi는 6살 때 암벽 등반을 시작했고 꽤 재능이 있었다. 암벽 등반은 위험하고, 강한 체력, 인내심과 집중력을 요구한다. 2016년에 그녀는 V15을 완등한 세계에서 가장 어린 사람이 되었다. 그녀는 그것을 14살이 되기 일주일 전에 했다. Shiraishi는 재능이 있음에도 불구하고 자신을 평범한 십대라고 생각한다.

구문 해설　**13행** V16 is the highest **possible** rating.

• possible은 '가능한 한'이라는 뜻으로, 최상급의 의미를 강조하는 형용사이다. 최상급 뒤에 위치하는 것에 유의한다.

13행 She became the youngest person in the world **to complete** a V15 climb, *doing that a week before she turned fourteen.*

• to complete는 to부정사의 형용사적 용법으로, the youngest person을 수식한다.

• 'doing that ~ fourteen'은 'as she did that ~ fourteen'의 의미로, 이유를 나타내는 분사구문이다.

18행 She even says she is pretty clumsy and **always drops** things.

• always, usually, often, sometimes와 같은 빈도부사는 일반동사 앞 또는 be동사나 조동사 뒤에 위치한다.

Focus on Sentences

p. 042

A　**1** 그것은 햄스터 한 마리가 들어갈 만한 크기의 작은 플라스틱 공이다.

　2 좀비 영화는 공포 영화만큼 무섭다.

　3 견과류를 먹는 것은 사람들이 암에 걸릴 가능성을 줄일 수 있는 훌륭한 방법이다.

　4 대부분의 십대들은 주말을 친구들과 어울려 놀면서 보낸다.

B　**1** Have you ever wondered what that would feel like?

　2 Their only objective is to find living creatures such as humans in order to eat them.

　3 They are some of the tastiest snacks and can keep you healthy.

C　**1** These days, zorbing is gaining popularity at theme parks in New Zealand.

　2 They are effective at reducing the swelling associated with some cancers.

　3 She likes to think of herself as a regular teen.

유형 도전 ②

변형 문제 북유럽

지문 해석   모든 문화는 사람들이 얼마나 많은 개인적인 공간을 필요로 하는 지를 결정하는 것에 관한 한 그 자신만의 기준을 가지고 있다. 이것은 서로 이야기를 나누는 두 사람 사이의 공간의 "버블"을 지칭한다. 북유럽에서 이 버블은 매우 크지만, 남쪽으로 프랑스, 이탈리아, 그리스 그리고 스페인으로 내려감에 따라 그 기대되는 크기는 줄어든다. 북유럽에서 또는 북유럽 출신의 미국인들에게 "친밀하다"고 여겨지는 공간은 남부 유럽에서는 사람들의 몸 사이의 보통의 대화 거리라고 여겨질 것이다. 일본과 중국에서, 사람들은 유럽이나 북미에서는 용납되지 않다고 여겨질 공공장소에서의 혼잡함의 수준을 받아들인다. 이런 기준을 깨뜨리는 것은, 즉 너무 가깝거나 너무 멀리 떨어지는 것은, 그것을 인식하든 인식하지 못하든 불편한 감정을 불러올 수 있다.

문제 해설   대화하는 두 사람 사이에 유지하는 간격(공간 버블)은 문화권 마다 다르다고 하면서, 구체적인 지역을 언급하면서 설명하고 있는 내용이므로, 이 글의 제목으로 ②'개인적인 버블 크기에 있어서의 문화적 차이'가 적절하다.

① 왜 우리 조상들은 개인 공간을 발전시켰는가?
③ 개인 공간에 있어서의 상당한 개인적 차이
④ 우리의 개인적인 공간을 안전하게 지키는 것의 중요성
⑤ 여러분이 다른 사람의 개인 공간을 침범할 때 생기는 일

변형 문제   In Northern Europe, these bubbles are quite large에서 정답을 추론할 수 있다. (3행)

구문 해설   **4행** *A space* [**which** *is considered "intimate"* **in Northern Europe, or for Americans of Northern European origin,**] would *be considered normal* conversing distance between bodies in Southern Europe.
  • [ ]로 표시된 부분은 A space를 수식하는 관계절이다.
  • A is considered B 구문은 'A가 B라고 여겨지다'의 의미이다.

  6행 In Japan and China, people accept levels of crowding in public spaces [**that would be considered unacceptable in Europe or North America**].
  • [ ]로 표시된 부분은 levels of crowding in public spaces를 수식하는 관계절이다.

  8행 A violation of these norms—being too close or too far apart—may produce a feeling of discomfort **whether you are conscious of it or not**.
  • whether A or B 구문은 'A든지 또는 B든지'의 의미이다.

13 Puppy Parents

정답 1 ①   2 ②   3 ⑴ F ⑵ T   4 at restaurants and on buses and subways
5 work → work with

지문 해석   한 여자와 강아지 한 마리가 호텔 로비를 걷는다. 몇몇 아이들이 그 개와 놀고 싶어 한다. "미안한데 개를 만지면 안 돼요."라고 여자가 말한다. 그녀는 개가 입고 있는 조끼를 가리킨다. 그것에는 '훈련 중인 장애인 안내견'이라고 쓰여 있다. 여자는 "나는 퍼피 워커이고, 이 강아지가 나중에 장애인을 돕기 위해 필요한 기술을 배우는 것을 돕고 있는 중이란다."라고 말한다.
　　퍼피 워커는 장차 장애인 안내견이 될 강아지를 생후 약 8주일 때 훈련하는 것을 돕는 자원봉사자이다. 퍼피 워커는 이후 10~12개월 동안 강아지를 기른다. 퍼피 워커는 수많은 방식으로 그들의 강아지를 돕는다. 그들은 강아지에게 애정 어리고 보살펴 주는 환경을 제공한다. 그들은 강아지가 음식점과 같은 장소와 버스 및 지하철에서 사람들과 함께 있는 것에 익숙해질 수 있도록 강아지의 사회화를 돕는다. 그들은 강아지에게 "앉아," "가만히 있어," "이리 와." 같은 간단한 명령어를 가르친다. 그리고 그들은 강아지가 뛰어다니고 건강을 유지하도록 한다.
　　강아지가 훈련을 받을 준비가 되면 퍼피 워커를 떠나 학교에 간다. 퍼피 워커에게 그것은 슬픈 시간이다. 다행히도 그 후에 새로운 강아지가 곧 도착해서 자원봉사자들은 함께 일할 새로운 동물이 생기게 된다.

문제 해설   1 예비 안내견의 사회화를 돕는 자원봉사자인 puppy parent(= puppy walker)가 구체적으로 어떤 일을 하는지 소개하고 있으므로, ① '퍼피 워커가 무슨 일을 하는지 설명하기 위해서'가 글의 목적으로 가장 적절하다.
　　② 장애인 안내견의 역할을 묘사하기 위해서
　　③ 장애인 안내견이 어떻게 훈련을 받는지 알려 주기 위해서
　　④ 사람들이 왜 퍼피 워커가 되는지 논의하기 위해서
　　⑤ 사람들이 어떻게 퍼피 워커가 되는지 언급하기 위해서

2 ② 이후부터 퍼피 워커가 강아지들을 돕는 구체적인 방식이 언급되었으므로, 주어진 문장은 ②에 들어가는 것이 가장 적절하다.

3 ⑴ 퍼피 워커는 안내견이 될 강아지를 생후 약 8주부터 이후 10~12개월 동안 기른다고 했다. (6~8행)
　⑵ 퍼피 워커는 강아지들에게 "앉아," "가만히 있어," "이리 와." 같은 간단한 명령어를 가르친다고 했다. (11~12행)
　　[문제] 글의 내용과 일치하면 T, 그렇지 않으면 F를 쓰시오.
　　　　⑴ 퍼피 워커는 강아지들을 약 8주 동안 돌본다.
　　　　⑵ 강아지들은 퍼피 워커로부터 간단한 명령어에 복종하는 법을 배운다.

4 퍼피 워커는 강아지가 음식점과 같은 장소와 버스 및 지하철에서 사람들과 함께 있는 것에 익숙해질 수 있도록 강아지의 사회화를 돕는다고 했다. (9~11행)
　Q 강아지들은 어디에서 사람들과 함께 있는 것에 익숙해질 필요가 있는가?
　A 음식점과 버스 및 지하철에서

5 new animals to work에서 to work의 수식을 받는 명사 new animals는 work의 목적어가 될 수 없다. 문맥상 work with new animals에서 new animals가 to부정사(형용사적 용법) 앞으로 나온 형태이므로 work를 work with로 고친다. 「동사＋전치사」로 이루어진 동사구가 to부정사로 쓰여 앞의 명사를 수식하는 경우 전치사를 누락시키지 않도록 주의한다.

4행 The woman says, "I'm a puppy parent, and I'm helping this dog learn the skills [**(that) it needs** *to assist* **a disabled person later**]."

· [ ]은 skills를 수식하는 형용사절로, 앞에 목적격 관계대명사 that이 생략되어 있다.

· to assist는 to부정사의 부사적 용법으로, '돕기 위해서'라는 뜻의 목적을 나타낸다.

11행 They **teach the puppies simple commands** such as, "Sit," "Stay," and, "Come."

· teach가 간접목적어(the puppies)와 직접목적어(simple commands)의 두 개의 목적어를 갖는 수여동사로 쓰였다. 해석은 '~에게 …을 가르치다'라고 한다.

17행 Fortunately, new puppies arrive soon afterward, so the volunteers get new animals **to work with**.

· to work with는 new animals를 수식하는 형용사적 용법의 to부정사이다. 수식을 받는 명사 new animals는 전치사 with의 목적어이므로 뒤에 반드시 전치사 with를 써야 한다.

14 Four Seasons of Colors in Hitachi Seaside Park

pp. 048 ~ 049

정답
1 ⑤   2 ①   3 ③   4 (그곳에) 갈 때마다 매번 새로운 것을 볼 수 있는 것
5 blue, May 5

지문 해석   다음과 같이 상상해 보아라. 당신의 친구가 사계절마다 여행을 간다. 그런데 각각 다른 네 곳을 여행하는 대신 그는 매번 같은 장소에 간다. 당신이 그에게 그 이유를 묻자 그는 그곳에 갈 때마다 매번 새로운 것을 볼 수 있다고 말한다. 이것이 가능할까? 당신의 친구가 일본의 히타치 해변 공원을 방문한다면 분명 가능한 일이다.

그 공원은 1년 내내 그곳에서 피는 아름다운 꽃들로 잘 알려져 있다. 당신이 그곳에서 휴가를 보낼 작정이라면 먼저 당신이 가장 좋아하는 색이 무엇인지 생각해 보아라. 그런 다음 당신은 여행을 계획할 수 있다. 예를 들어, 당신이 파란색을 좋아한다면 4월 29일과 5월 5일 사이에 그 공원을 방문해야 한다. 그때는 담청색의 네모필라 꽃이 피는 때이다. 하지만 당신이 빨간색을 선호한다면 어떻게 할까? 그런 경우에는 10월에 공원을 방문하는 것이 좋다. 그때는 초록색의 코키아 꽃이 갑자기 새빨갛게 변하는 때이다.

방문객들은 1년 중 각각 다른 달 동안 매우 다양한 색을 볼 수 있다. 그러나 그 공원은 항상 붐비므로 반드시 일찍 도착해야 한다. 그렇게 하면 당신은 분명 히타치 해변 공원의 아름다움을 경험할 수 있다.

문제 해설   **1** 1년 내내 형형색색의 아름다운 꽃들이 피어 방문객들로 항상 붐비는 일본의 히타치 해변 공원에 관해 소개하고 있으므로, ⑤ '히타치 해변 공원이 그렇게 인기 있는 이유'가 글의 주제로 가장 적절하다.

① 일본에서 가장 인기 있는 공원

② 전 세계의 다채로운 꽃들

③ 일본의 공원으로 가는 여행 계획 세우기

④ 히타치 해변 공원에 가는 방법

2 여행 시기가 좋아하는 색에 따라 달라지므로 빈칸에는 ① '당신이 가장 좋아하는 색이 무엇인지'가 가장 적절하다.

② 당신이 가장 좋아하는 꽃이 무엇인지

③ 당신이 가장 좋아하는 계절이 무엇인지

④ 당신이 가장 좋아하는 달이 무엇인지

⑤ 당신이 가장 좋아하는 나라가 무엇인지

3 히타치 해변 공원의 입장료에 관해서는 언급되지 않았다.

[문제] 글을 읽고 답할 수 없는 질문은?

① 히타치 해변 공원은 어디에 있는가? (7~8행)

② 5월 초에는 공원에 어떤 꽃들이 피는가? (12~14행)

③ 공원 입장료는 얼마인가? (언급되지 않음)

④ 코키아 꽃은 언제 색이 변하는가? (15~16행)

⑤ 공원은 연중 얼마나 붐비는가? (18행)

4 it은 앞에 나온 '그곳에 갈 때마다 매번 새로운 것을 볼 수 있는 것'을 가리킨다.

5 파란색을 좋아하는 사람들에게 공원을 방문하기에 가장 좋은 시기는 4월 29일과 5월 5일 사이이다. (12~14행)

구문 해설　**5행** When you ask him why, he says that he can see **something new** each time he goes there.

　• something, anything, nothing 등 -thing으로 끝나는 명사는 형용사가 뒤에서 수식한다.

10행 If you intend to **vacation** there, think about *what your favorite color is* first.

　• vacation은 '휴가를 보내다'라는 뜻의 동사로 쓰였다.

　• what your favorite color is는 간접의문문으로 「의문사＋주어＋동사」의 어순에 유의한다.

18행 But the park is **always** crowded, so you should be sure to arrive early.

　• 빈도부사는 be동사와 조동사 뒤, 일반동사 앞에 위치한다.

15　The Sunshine Vitamin

pp. 050 ~ 051

정답　　1 ②　　　2 ③　　　3 ③, ⑤　　　4 sunshine, bones, calcium　　　5 exposure

지문 해석　　유럽의 많은 나라들이 북쪽 끝에 위치하고 있다. 그 나라들은 스웨덴, 핀란드, 노르웨이와 러시아를 포함한다. 이러한 곳들에서는 1년 중 거의 절반 가량 해가 거의 비치지 않는다. 그 결과, 그곳에 사는 많은 사람들이 그들의 몸에 충분한 비타민 D를 얻지 못한다. 이것은 그들에게 여러 문제들을 일으키고 있다.

햇빛 비타민이라고도 알려진 비타민 D는 햇볕 노출에 의해 만들어진다. 그것은 뼈의 성장을 돕고 몸이 칼슘과 인을 흡수하게 한다. 이것은 뼈가 더 튼튼해지는 것을 가능하게 한다. 비타민 D가 없으면 사람들은 심장병, 암, 그리고 다른 질병들에 걸릴 가능성이 더 높다.

유럽 사람들 중 최대 70퍼센트가 충분한 비타민 D를 얻지 못한다. 그래서 그들이 얻는 비타민 D의 양을 개선시키기 위한 몇 가지 노력들이 있다. 한 가지 방법은 사람들의 식단을 바꾸는 것이다. 사람들은 생선, 달걀 노른자, 강화 우유와 소의 간을 더 많이 먹도록 권장 받고 있다. 이러한 식품들을 섭취함으로써 인체는 충분한 비타민 D를 만들어 낼 수 있다. 러시아에서 몇몇 사람들은 실제로 소량의 자외선에 노출된다. 어떤 기계는 소량의 자외선을 방출한다. 그것은 햇빛을 모방해 인체가 비타민 D를 만들어 내게 한다.

문제 해설　**1** 빈칸 앞뒤의 내용은 원인과 결과에 해당한다. 따라서 '그 결과'라는 뜻의 ② As a result가 가장 적절하다.

　① 게다가　③ 예를 들어　④ 즉, 다시 말해서　⑤ 그와는 반대로

2 세 번째 단락은 많은 유럽 사람들이 충분한 비타민 D를 얻지 못하기 때문에 비타민 D를 얻을 수 있는 방법에 관해 언급하고 있으므로, ③ reduce를 improve와 같은 단어로 고친다.

3 생선, 달걀 노른자 등과 같은 음식을 더 많이 먹는 것과 자외선을 방출하는 기계를 통해 자외선에 노출되는 것이 언급되었다. (13~16행)

4 햇빛 비타민이라고도 불리는 비타민 D는 몸이 칼슘과 인을 흡수하는 것을 도움으로써 뼈를 튼튼하게 유지시켜 준다.

5 '다른 무언가와 접촉하는 행위'라는 뜻을 가진 단어는 exposure(노출)이다. (7행)

[문제] 다음 주어진 뜻을 가진 단어를 글에서 찾아 쓰시오.

3행 As a result, many people **living there** do not get *enough* vitamin D in their bodies.

- living there는 앞의 명사인 many people을 수식하는 현재분사구이다.
- enough vitamin D에서 enough의 위치에 유의한다. enough는 명사를 수식할 때는 명사 앞에 오지만, 형용사나 부사를 수식할 때는 「형용사/부사+enough」의 어순이 된다.

11행 So there are several efforts **to improve** the amount of vitamin D [*(that) they get*].

- to improve는 to부정사의 형용사적 용법으로, 앞의 명사인 several efforts를 수식한다.
- [ ]는 vitamin D를 수식하는 형용사절로, they 앞에 목적격 관계대명사 that이 생략되어 있다.

13행 People **are being encouraged** to have more fish, egg yolks, fortified milk, and beef liver.

- are being encouraged는 현재진행 수동태(「be+being+p.p.」)로, 현재 진행되고 있는 동작을 수동태로 나타낸 것이다.

16 Stolpersteine in Berlin

pp. 052 ~ 053

정답
1 ⑤ 2 ② 3 a person's name along with two dates, a birthdate and a death date
4 ⓐ measuring ⓑ killed

Summary concrete blocks, honors, Nazis, taken away

지문 해석
　　당신은 독일의 베를린에서 자갈길 중 한 곳을 걷고 있다. 당신은 약 10×10센티미터 크기의 콘크리트 블록을 알아차린다. 당신은 내려다보고 그 위에 어떤 사람의 이름이 두 개의 날짜, 즉 출생일과 사망일과 함께 적혀 있는 것을 본다. 궁금한 당신은 가이드에게 그 블록이 무엇인지 묻는다.

　　그것은 슈톨퍼슈타인인데, 독일어로 '걸림돌'을 의미한다. 각각의 블록은 나치에 의해 죽은 사람을 기린다. 나치당은 1933년부터 1945년까지 독일을 통치했다. Adolf Hitler가 이끄는 그들은 유럽에서 그들이 반대하거나 싫어하는 수백만 명의 사람들을 죽였다. 1996년에 Gunter Demnig라는 이름의 화가는 나치에 의해 살해된 사람들 일부를 기리기로 결심했고, 그래서 슈톨퍼슈타인 프로젝트를 시작했다.

　　그는 사람들이 나치에 의해 끌려가기 전에 마지막으로 살았던 장소 앞에 슈톨퍼슈타인을 놓는다. 그는 삽과 시멘트를 사용하여 과거에 무슨 일이 일어났는지를 상기시켜 주는 역할을 할 수 있도록 거리에 돌을 심는다. 오늘날 베를린에는 7천 개가 넘는 슈톨퍼슈타인이 있다. Demnig는 또한 유럽 전역에 그것을 설치한다. 이제는 유럽 대륙 전역의 도시와 마을에 약 6만 개가 있다.

문제 해설
1 나치에 의해 희생된 사람들을 기리기 위해 만든 작은 추모석인 슈톨퍼슈타인에 관해 소개하고 있으므로, ⑤ '슈톨퍼슈타인: 고인을 기리는 방법'이 글의 제목으로 가장 적절하다.

　　[문제] 글의 제목으로 가장 적절한 것은?
　　　　① Gunter Demnig는 누구인가?
　　　　② 나치와 Adolf Hitler
　　　　③ 슈톨퍼슈타인을 만드는 방법
　　　　④ 베를린에서 발견되는 돌들

2 슈톨퍼슈타인에 사람들이 어떻게 죽었는지는 적혀 있지 않으므로, ② '그것은 사람들이 어떻게 죽었는지를 설명한다.'가 글의 내용과 일치하지 않는다.

　　[문제] 다음 중 슈톨퍼슈타인에 관한 설명이 맞지 않는 것은?
　　　　① 그것은 콘크리트로 만들어졌다. (3~4행)
　　　　③ 그것은 Gunter Demnig에 의해 만들어졌다. (11~13행)
　　　　④ 그것은 사람들이 끌려가기 전에 살았던 장소에 놓인다. (14~15행)
　　　　⑤ 베를린에 수천 개가 있다. (17~18행)

3 슈톨퍼슈타인 위에는 어떤 사람의 이름이 두 개의 날짜, 즉 출생일과 사망일과 함께 적혀 있다고 했다. (5~7행)

[문제] 각각의 슈톨퍼슈타인에는 무엇이 적혀 있는가?

→ 두 개의 날짜, 즉 출생일과 사망일과 함께 사람의 이름

4 ⓐ measure around ten by ten centimeters가 앞의 명사인 a concrete block을 수식하는 구조이므로 measure는 분사 형태가 되어야 하는데, 수식하는 명사인 block과 능동의 관계이므로 현재분사 measuring으로 고친다.

ⓑ '나치에 의해 죽임을 당한 사람들'이라는 뜻이 되어야 하므로, 수동의 의미를 갖는 과거분사 killed로 고친다.

[문제] 글의 밑줄 친 ⓐ와 ⓑ를 어법에 알맞은 형태로 쓰시오.

Summary [문제] 아래 주어진 단어나 어구를 활용해 빈칸을 채우시오.

나치	끌려간	콘크리트 블록	기리다

슈톨퍼슈타인은 그 위에 사람의 이름, 출생일과 사망일이 적혀 있는 콘크리트 블록이다. Gunter Demnig가 슈톨퍼슈타인 프로젝트를 시작했다. 그것은 독일에서 나치에 의해 죽은 사람들을 기린다. 그는 사람들이 나치에 의해 끌려가기 전에 마지막으로 살았던 장소 앞의 길에 슈톨퍼슈타인을 놓는다. 오늘날 베를린에는 7천 개가 넘는 슈톨퍼슈타인이 있다.

구문 해설

3행 You notice a concrete block **measuring around ten by ten centimeters**.

• measuring around ten by ten centimeters는 a concrete block을 수식하는 현재분사구로, '크기가 약 10X10센티미터인'으로 해석한다.

8행 It is a stolperstein, **which** means "stumbling stone" in German.

• which는 선행사 a stolperstein에 대한 부연 설명을 하는 계속적 용법의 관계대명사이다.

10행 Led by Adolf Hitler, they killed millions of people **who** they opposed or disliked in Europe.

• 선행사가 사람일 때 목적격 관계대명사는 주로 whom을 쓰지만 whom 대신 who를 쓰기도 하며, 이 경우 생략도 가능하다.

11행 In 1996, an artist **named Gunter Demnig** decided to honor some of the people **killed by the Nazis**, so he started the Stolperstein Project.

• named Gunter Demnig와 killed by the Nazis는 각각 an artist와 the people을 수식하는 과거분사구이다.

Focus on Sentences
p. 054

A 1 그들은 음식점과 같은 장소에서 사람들과 함께 있는 것에 익숙해진다.

2 그런 경우에는 10월에 공원을 방문하는 것이 좋다.

3 그것은 뼈의 성장을 돕고 몸이 칼슘과 인을 흡수하게 한다.

4 당신은 가이드에게 그 블록이 무엇인지 묻는다.

B 1 They teach the puppies simple commands such as "Sit," "Stay," and, "Come."

2 The park is always crowded, so you should be sure to arrive early.

3 An artist named Gunter Demnig decided to honor people killed by the Nazis.

C 1 They provide a loving and caring environment for their puppies.

2 The park is well known for the beautiful flowers which bloom there throughout the year.

3 In Russia, some people are actually exposed to low levels of ultraviolet light.

유형 도전 ⑤

변형 문제 남편이 정부 보조금의 대부분을 써 버려서 그녀에게는 가족이 필요한 물품을 사기 위한 충분한 돈이 없다.

지문 해석 Ali 가족은 소말리아에서 영국으로 최근에 도착했다. Ali 부부에게는 2살에서 13살에 이르는 다섯 명의 아이들이 있다. 그들은 현재 자선단체에 의해서 도움을 받고 있다. 사회 복지사인 Adila는 Ali 부인을 정기적으로 주1회 방문하기 시작한다. 시간이 지나면서 그녀는 Ali 부인이 자신의 방문을 얼마나 많이 기대하는지 그리고 또한 Ali씨는 그녀가 있으면 얼마나 불편해 하는지를 알아차린다. Ali 부인이 아파트에 혼자 있는 날에 방문했을 때, Adila는 Ali 부인이 갑자기 울음을 터뜨려서 매우 놀랐다. 그녀가 무엇이 문제인지를 묻자, Ali 부인은 이 정보가 자신에게 수치심을 가져올 것이므로, 그녀에게 먼저 아무에게도 말하지 않겠다고 자신에게 약속해 달라고 부탁했다. 그리고 나서 Ali 부인은 자신의 남편이 정부 보조금의 대부분을 써 버려서 자신에게는 가족에게 필요한 물품을 사기 위한 충분한 돈이 없다고 설명했다.

문제 해설 가족에게 필요한 물품을 사기 위한 충분한 돈이 남아 있지 않은 사람은 Adila가 아닌 Ali 부인이므로, ⑤는 Ali 부인을 지칭한다. 나머지 밑줄 친 부분은 모두 Adila를 지칭한다.

변형 문제 her husband spent almost all of the benefit payments and left her without enough money for the family's needs에서 답을 추론할 수 있다. (8~9행)

구문 해설 **3행** Over time, she notices [**how much Mrs. Ali looks forward to her visits**] and also [**how uncomfortable Mr. Ali is toward her presence**].
  • 두 개의 [ ]는 동사 notices의 목적어이다.

  5행 On one visit [**when Mrs. Ali was alone in the flat**], Adila was completely surprised [*when Mrs. Ali burst into tears*].
  • 첫 번째 [ ]는 one visit을 수식하는 관계절이다.
  • 두 번째 [ ]는 접속사 when이 이끄는 부사절이다.

  6행 When she asked [**what the matter was**], Mrs. Ali *asked her first to promise* her that she would not tell anyone as this information would bring shame to her.
  • [ ]로 표시된 부분은 의문사 what이 이끄는 명사절로 동사 asked의 목적어이다.
  • 「ask+목적어+to do」 구문은 '~에게 …할 것을 요구하다'의 의미이다.

17　The Festival of Tihar

정답　1 ③　　2 ①, ②, ④　　3 ④　　4 dogs　　5 Tihar, animals

지문 해석　　매년 가을 Diwali라고 불리는 5일간의 힌두교 축제가 열린다. 그것은 빛의 축제로 알려져 있다. 네팔에서 Diwali는 Tihar라고 불린다. 축제의 첫 3일 동안 네팔 사람들은 각기 다른 동물을 숭배한다. 예를 들어, 첫날에는 사람들이 까마귀를 숭배한다. 셋째 날에 그들은 암소를 숭배한다. 그리고 Tihar의 둘째 날에 그들은 개를 숭배한다.

축제의 둘째 날은 네팔에서 Kukur Tihar라고 불린다. 네팔 사람들은 그날 개를 숭배할 때 그 동물을 위해 여러 가지 것들을 한다. 우선, 그들은 화환을 가지고 가 모든 개의 목에 그것을 걸어 준다. 그들은 심지어 떠돌이 개에게도 이렇게 한다. 목걸이는 *malla*라고 불리는데, 존경의 표시이다.

그런 다음 그들은 그 나라의 모든 개의 이마에 *tika*라고 불리는 빨간색 점을 찍는다. 그것은 그 개가 숭배의 대상이라는 것을 보여 준다. 개들에게 있어서 Kukur Tihar의 가장 좋은 부분은 음식이다. 네팔 사람들은 달걀, 고기, 개 사료와 다른 맛있는 음식들을 네 발 달린 그들의 친구들을 위해 차린다. 이날 네팔의 개들은 왕처럼 먹는다.

문제 해설　1 네팔의 Tihar이라는 축제 기간 중 개를 숭배하는 날인 Kukur Tihar에 관해 소개하고 있으므로, ③'네팔의 개들을 위한 축제일'이 글의 주제로 가장 적절하다.

① Tihar은 어떻게 기념되는가

② Tihar이 열리는 때

④ 네팔 축제들의 중요성

⑤ 네팔 사람들이 개를 사랑하는 이유

2 Tihar의 첫날에는 까마귀, 둘째 날에는 개, 셋째 날에는 암소를 숭배한다고 했다. (6~8행)

3 ④ 개의 꼬리가 아니라 이마에 빨간 점을 찍는다고 했다. (14~15행)

4 their four-legged friends는 다리가 네 개 달린 그들의 친구들, 즉 dogs를 가리킨다.

5 Tihar은 네팔에서 열리는 5일간의 축제이다. 축제가 열리는 동안 네팔 사람들은 각기 다른 동물들을 숭배한다.

[문제] 글의 내용과 일치하도록 빈칸에 알맞은 단어를 본문에서 찾아 쓰시오.

구문 해설　**1행**　Every fall, there is a five-day Hindu festival **called Diwali**.

・called Diwali가 앞의 명사인 a five-day Hindu festival을 꾸미고 있다. 분사는 단독으로 쓰일 때는 명사 앞에 오지만, 수식어구나 목적어를 동반할 때는 명사 뒤에 온다.

3행　In Nepal, **Diwali is called Tihar**.

・5형식 문장인 'People call Diwali Tihar.'를 수동태로 바꾼 것이다.

14행　Next, they make a red mark **called a *tika*** on the forehead of every dog in the country.

・called a tika는 앞의 명사인 a red mark를 수식하는 과거분사구이다.

18 Changing Ideas, Changing Words

정답   1 ④   2 ③   3 ③   4 more inclusive, gender-neutral language   5 censorship

지문 해석   어느 날 당신이 "The Eiffel Tower is a manmade structure.(에펠탑은 인간이 만든 구조물이야.)"라고 말한다. 그러자 한 사람이 당신에게 "그렇게 말하면 안 돼. 너는 방금 금지된 언어를 사용했어. 너는 벌 받을 거야."라고 말한다. 당신은 왜 벌을 받게 될까? 그 이유는 당신이 manmade라는 단어를 사용했기 때문이다.

영국의 한 학교인 카디프 메트로폴리탄 대학교에서 특정 용어들이 사용 금지되었다. 그 대학교에 따르면, 사람들이 무의식적으로 사용하는 많은 단어들은 여성에 대한 편견을 갖고 있다. 그들은 사람들이 '더욱 포괄적이고, 성중립적인 언어'를 사용하기를 원한다. 그래서 manmade(사람이 만든), sportsmanship(스포츠맨 정신), fireman(소방관)과 manpower(인력)와 같은 단어들이 금지되었다. 그 대신에 학생들은 artificial(인공적인), fairness(공정성), firefighter(소방관)와 human resources(인적 자원)와 같은 용어들을 사용해야 한다.

그 학교는 이러한 금지된 용어들을 사용하는 학생들과 직원들을 처벌할 권리가 있다고 주장한다. 그러나 많은 사람들은 그 학교의 조치에 반대한다. 그들은 그 대학교가 검열에 관여하고 있다고 주장한다. 그들은 언론 자유의 권리가 금지되고 있다고 말한다.

그러나 다른 사람들은 사회가 변함에 따라 사람들이 사용하는 언어 또한 변할 것이라고 말한다. 그러므로 사람들은 다른 사람들의 감정에 좀 더 세심해야 한다. 당신은 어떤가? 이와 관련하여 당신의 의견은 무엇인가?

문제 해설   **1** 영국의 한 대학교가 여성에 대한 편견을 갖고 있는 특정 용어들을 사용 금지시켰다는 내용이므로, ④ '특정 단어들을 금지시키기 위한 어떤 학교의 시도'가 글의 제목으로 가장 적절하다.

    ① man이 들어간 영어 단어
    ② 우리는 단어 때문에 학생들을 처벌해야 하는가?
    ③ 단어를 금지시키기 위한 정부의 노력
    ⑤ 언어와 성별의 관계

2 빈칸 다음 문장에 사람들이 '더욱 포괄적이고, 성중립적인 언어'를 사용하기를 원한다는 내용이 나오는 것으로 보아, ③ '여성에 대한 편견을 가지고 있다'가 들어가는 것이 가장 적절하다.

    ① 다른 사람들의 감정을 상하게 한다
    ② 우리의 언어 습관을 드러낸다
    ④ 다른 사람들에게 막대한 영향을 미친다
    ⑤ 표현의 자유를 침해한다

3 manpower 대신에 human resources를 사용하도록 권장하고 있으므로 ③human resources는 금지된 단어가 아니다. (11~13행)

4 영국의 카디프 메트로폴리탄 대학교는 여성에 대한 편견을 가진 특정 용어들의 사용을 금지했는데, 이를 통해 사람들이 '더욱 포괄적이고, 성중립적인 언어'를 사용하기를 원한다고 했다. (9~10행)

   Q 학교는 특정 용어들을 금지시킴으로써 사람들이 무엇을 하기를 원하는가?
   A 그것은 사람들이 더욱 포괄적이고 성중립적인 언어를 사용하기를 원한다.

5 '사람들이 특정 단어, 작품 또는 아이디어를 읽거나 말하지 못하게 막는 행위'라는 뜻을 가진 단어는 censorship(검열)이다. (16행)

   [문제] 다음 주어진 뜻을 가진 단어를 글에서 찾아 쓰시오.

구문 해설   **4행**   The reason is **that** you used the word "manmade."
     • that은 명사절을 이끄는 접속사이며, that절은 보어 역할을 한다.

   8행   According to the university, many words [**that people unconsciously use**] are biased against women.

- [　]은 목적격 관계대명사 that이 이끄는 형용사절로, 선행사 many words를 수식한다. 이때 that은 생략할 수 있다.

14행 The school claims **(that)** it has the right *to punish* students and staff members who use these banned terms.
- claims 뒤에는 목적어절을 이끄는 접속사 that이 생략되어 있다.
- to punish는 to부정사의 형용사적 용법으로 앞의 명사인 the right을 수식한다.

19　*The Roaring Lion*

정답　1 ①　　2 ①　　3 (1) F　(2) T　　4 make a roaring lion stand still to be photographed
5 *The Roaring Lion*

지문 해석　　　1941년, 제2차 세계 대전은 2년 전에 이미 시작되었고 영국에게 좋지 않게 흘러가고 있었다. 영국의 Winston Churchill 총리는 자국을 위한 전투를 지휘하고 있었지만, 그는 상황이 만족스럽지 않았다. 전쟁이 한창인 와중에 그는 캐나다 의회에서 연설을 하기 위해 캐나다를 방문했다. Churchill은 연설 후에 사진을 위해 포즈를 취하는 것을 승낙했다.

기분이 좋지 않았던 Churchill은 사진을 찍을 생각이 없었다. Churchill은 사진 작가인 Yousuf Karsh에게 2분 안에 사진을 찍으라고 말했다. 그리고 나서 그는 앉아서 Karsh를 기다리는 동안 시가 한 대를 피우기 시작했다. Karsh는 사진을 찍을 준비가 되었지만 Churchill은 시가를 내려놓기를 거부했다.

Karsh는 "저를 용서하십시오, 총리님."이라고 말하고 나서 Churchill에게 다가가 그의 손에서 시가를 잡아채고 다시 자신의 카메라로 뛰어갔다. 그리고 나서 그는 사진을 찍었다. 사진 속에서 Churchill은 카메라에 대고 으르렁거리고 있는 것 같다. 그것은 즉시 성공을 거두었고 전설적인 사진이 되었다. 사람들은 그 사진이 전쟁 동안 Churchill과 영국의 저항을 담아냈다고 느꼈다. Churchill은 심지어 Karsh에게 "당신은 으르렁거리는 사자도 사진 찍기 위해 꼼짝 못하게 할 사람이군."이라고 말했고, 그래서 그는 그 사진을 「으르렁거리는 사자」라고 이름 붙였다.

문제 해설　**1** ① 제2차 세계 대전은 1941년(과거)을 기준으로 그보다 2년 전에 시작되었으므로 과거보다 앞선 시제인 과거완료(「had + p.p.」) 시제로 표현해야 한다. 따라서 started를 had started로 고친다.

② 「agree + to-v」: ~하는 것을 승낙하다

③ '~하는 동안'이라는 뜻의 시간 접속사 (구문 해설 참조)

④ 연속 동작의 분사구문 (구문 해설 참조)

⑤ to부정사의 진행형 (구문 해설 참조)

2 Karsh가 사진을 찍을 준비가 되었을 때에도 Churchill은 시가를 내려놓기를 거부했다는 내용으로 미루어 ① '그는 시가를 피우는 것을 즐겼다.'를 알 수 있다. (12~13행)

② 그는 사진 찍히는 것을 좋아했다.

③ 그는 캐나다를 몇 차례 방문했다.

④ 그는 제2차 세계 대전 동안 인기가 없었다.

⑤ 그는 매우 인상적인 연설가였다.

3 (1) Churchill은 캐나다 연설 후에 사진 촬영을 승낙했지만 사진 찍는 것이 내키지 않아 Karsh에게 2분 안에 사진을 찍으라고 말했고, Karsh가 사진을 찍을 준비가 되었을 때에도 시가를 내려놓기를 거부했다고 한 것으로 보아 처음부터 끝까지 사진 촬영을 즐겼다고 볼 수 없다. (9~13행)

(2) 사람들은 Churchill이 카메라에 대고 으르렁거리는 것처럼 보이는 사진이 전쟁 동안 Churchill과 영국의 저항을 담아냈다고 느꼈다고 했다. (17~18행)

[문제] 글의 내용과 일치하면 T, 그렇지 않으면 F를 쓰시오.

⑴ Churchill은 처음부터 끝까지 사진 촬영하는 것을 즐겼다.

⑵ Karsh가 찍은 Churchill 사진은 그의 결연한 표정을 담아냈다.

4 「make+목적어+동사원형」 구문을 사용하여 '으르렁거리는 사자를 가만히 있게 만들다'를 표현하고, '사진 찍기 위해'에 해당하는 to be photographed는 맨 뒤에 놓는다. 사자가 Karsh에 의해 사진이 찍히는 것이므로 「to+be+p.p.」 형태의 to부정사의 수동태가 쓰였다.

5 Churchill은 자신의 손에서 시가를 빼앗고 사진을 찍은 Karsh에게 "당신은 으르렁거리는 사자도 사진 찍기 위해 꼼짝 못하게 할 사람이군."이라고 말했고, 그래서 Karsh는 그 사진을 「으르렁거리는 사자」라고 이름 붙였다. (18~20행)

Q Karsh가 찍은 Churchill의 사진은 어떤 이름이 붙여졌는가?

A 「으르렁거리는 사자」

구문 해설

1행 In 1941, World War II **had started** two years earlier and was going badly for Great Britain.
- 1941년(과거)을 기준으로 그보다 2년 전에 시작된 일을 나타내므로 「had+p.p.」의 과거완료 시제가 쓰였다.

11행 Then, he sat down and began smoking a cigar **while (he was) waiting for Karsh**.
- while waiting for Karsh는 'Karsh를 기다리는 동안에'라는 뜻으로, 접속사 while과 현재분사 waiting 사이에 he was 가 생략되어 있다.

14행 **Saying, "Forgive me, sir,"** Karsh approached Churchill, grabbed the cigar from his hand, and ran back to his camera.
- 연속적으로 이루어지고 있는 일을 나타내는 연속 동작의 분사구문으로, '말하고 나서'라고 해석한다.

16행 In it, Churchill appears *to be snarling* at the camera.
- to부정사가 문장의 동사와 시제가 같을 때는 to-v의 단순부정사를 사용한다. 'In it, it appears that Churchill is snarling at the camera.'와 같은 의미이다.
- 진행의 의미를 표현하기 위해 「to be+-ing」 형태의 to부정사의 진행형이 쓰였다.

20 **F1 and the Monaco Grand Prix**

pp. 064 ~ 065

정답
1 ② 　　 2 ③ 　　 3 the streets of Monaco are winding and narrow
4 ⓐ located ⓑ combined

Summary Grand Prix, Formula One, scenic, fortune

지문 해석
　　모나코는 유럽의 프랑스 리비에라(프랑스 남동부의 지중해 해안)에 위치한 아주 작은 나라이다. 그곳은 아름답고 경치가 좋은 장소들이 많이 있어서 관광객들이 자주 그곳을 방문한다. 1년에 한 번 그곳은 평소보다 더욱 혼잡해진다. 엄청나게 많은 사람들이 포뮬러 원, 즉 F1 경주에서도 최고의 경기인 모나코 그랑프리를 보기 위해 도착한다.
　　F1 경주용 자동차들은 트랙을 질주할 때 시속 370킬로미터가 넘는 속도를 낼 수 있다. 그러나 모나코에서는 경주로에서 레이스를 하지 않기 때문에 그렇게 빨리 달릴 수 없다. (모나코는 세계에서 가장 작은 나라들 중 하나이다.) 대신에 경주용 자동차 운전자들은 모나코의 도로에서 경쟁을 한다. 그래서 F1 운전자들은 부두에 정박된 화려한 요트, 고대 건물, 고층 아파트 그리고 모나코의 경치가 아름다운 다른 장소들을 질주한다.
　　모나코의 도로들은 구불구불하고 좁아서 운전자들은 우승하기 위해 자신들의 기량에 의존해야 한다. 이는 아름다운 풍경과 결합되어 모나코 그랑프리를 F1 경주의 꽃으로 만든다. 그곳에서 우승하는 운전자들은 즉각적인 명예와 부를 얻는다.

문제 해설
1 포뮬러 원 경주에서도 최고의 경기인 모나코 그랑프리에 관해 소개하고 있으므로, ② 'F1 경주의 꽃'이 글의 제목으로 가장 적절하다.

[문제] 글의 제목으로 가장 적절한 것은?

　① 모나코에서 해야 할 일

　③ 모나코 그랑프리에서의 하루

　④ 모나코의 길거리에서 운전하기

　⑤ 지난해 모나코 그랑프리의 우승자

2 모나코 그랑프리에 관해 소개하는 단락에서 ③'모나코는 세계에서 가장 작은 나라들 중 하나이다.'라는 내용은 글의 흐름에 맞지 않는다.

[문제] 글의 흐름에 맞지 <u>않는</u> 문장은?

3 모나코의 도로들은 구불구불하고 좁아서 운전자들은 우승하기 위해 자신들의 기량에 의존해야 한다고 했다. (15~16행)

[문제] 모나코 그랑프리의 운전자들이 우승하기 위해 기량이 필요한 이유는 무엇인가?

　→ <u>모나코의 도로들이 구불구불하고 좁기</u> 때문에

4 ⓐ locate in the French Riviera는 a tiny country가 있는 곳의 위치를 설명하는 분사구의 형태가 되어야 한다. '~에 위치하다'라고 할 때는 be located in과 같이 항상 수동태로 쓰이므로, locate를 과거분사인 located로 바꾼다.

ⓑ 문장의 동사는 makes이므로 주어와 동사 사이에 삽입된 combine with the beautiful scenery는 분사구문의 형태가 되는 것이 자연스럽다. 이때 주어인 this와 combine은 수동의 관계이므로 combine을 과거분사인 combined로 고친다.

[문제] ⓐ와 ⓑ를 어법에 알맞은 형태로 쓰시오.

Summary　[문제] 아래 주어진 단어나 어구를 활용해 빈칸을 채우시오.

경치가 좋은	부	그랑프리	포뮬러 원

해마다 사람들은 모나코 <u>그랑프리</u>를 보기 위해 모나코를 방문한다. 그것은 <u>포뮬러 원</u> 경주에서도 최고의 경기이다. 운전자들은 모나코의 길거리에서 경주를 벌인다. 그들은 요트, 고대 건물, 고층 아파트 그리고 다른 <u>경치가 아름다운</u> 장소들을 질주한다. 모나코의 도로들은 좁고 구불구불하다. 그래서 운전자들은 우승하기 위해 기량을 사용해야 한다. 우승자들은 즉각적인 명예와 <u>부</u>를 얻는다.

구문 해설　**1행**　Monaco is a tiny country **located in the French Riviera** in Europe.

　• located in the French Riviera가 앞의 명사인 a tiny country를 수식하는 과거분사구이다.

6행　Huge numbers of people arrive to watch **the Monaco Grand Prix, the premier event in Formula One, or F1, racing**.

　• the Monaco Grand Prix와 the premier event in Formula One, or F1, racing은 동격 관계이다.

16행　This, **(being) combined with the beautiful scenery**, makes the Monaco Grand Prix the crown jewel of F1 racing.

　• combined with the beautiful scenery는 수동의 분사구문으로 앞에 being이 생략되어 있다.

A 1 그것은 빛의 축제로 알려져 있다.

  2 그들은 언론 자유의 권리가 금지되고 있다고 말한다.

  3 기분이 좋지 않았던 Churchill은 사진을 찍을 생각이 없었다.

  4 이는 모나코 그랑프리를 F1 경주의 꽃으로 만든다.

B 1 In Nepal, Diwali is called Tihar.

  2 In it, Churchill appears to be snarling at the camera.

  3 F1 cars can achieve speeds in excess of 370 kilometers per hour as they zoom around the track.

C 1 But many people are opposed to the school's actions.

  2 Churchill refused to put the cigar down.

  3 The drivers must rely upon their skills to win.

p. 067

유형 도전   ④

변형 문제   반복해서 똑같은 친숙한 음식을 먹는 것을 선호하는 것

지문 해석   2~5세의 아이들은 균형 잡힌 식단을 먹고 있어야 한다. 그들은 이제 지방과 칼슘 섭취를 위해서 전유를 마시고 많은 치즈를 먹고 있어야 한다. 이 단계의 아이들은 자주 새로운 음식을 거부할 수 있는데, 반복해서 똑같은 친숙한 음식을 먹는 것을 선호한다. 이것을 극복하기 위한 간단한 접근 방법은 다른 아이들과 함께 먹도록 하는 것과 그들 앞에서 여러분 자신이 다른 음식을 먹는 것을 포함한다. 다른 아이들은 계속해서 배가 고픈 것처럼 보이는 반면, 어떤 아이들은 거의 먹지 않으면서 이 단계를 통과하는 것처럼 보인다. 부모는 너무 많이 먹거나 너무 적게 먹는 아이들을 관리하려고 계속 노력해야 한다. 그러나 흔히 이것들은 아이들이 자라면 벗어날 단계에 불과하니, 그들이 자라면서 이것에서 벗어나도록 돕는 가장 좋은 방법은 그것을 무시하는 것이다. 이것을 저녁 식사의 초점이 되게 하는 것은 자주 이것을 더 악화시킬 수 있다.

문제 해설   (A) 같은 음식을 반복해서 먹는 것을 좋아한다고 했으므로, 새로운 음식을 거부할 것이다. 따라서 accept(받아들이다)가 아닌 refuse(거절하다)가 적절하다. (B) while(반면에)를 사이에 두고, 앞에 거의 먹지 않는 아이가 언급되었으므로, 다음에 많이 먹는 아이가 언급될 것이다. 따라서 full(배부른)이 아닌 hungry(배고픈)가 적절하다. (C) 많이 먹거나 적게 먹는 것을 무시하는 것이 좋다고 했으므로, better(더 나은)가 아닌 worse(더 나쁜)가 적절하다.

변형 문제   앞 문장의 preferring to eat the same old familiar foods over and over again에서 정답을 추론할 수 있다. (3행)

구문 해설   **4행** Simple approaches for overcoming this involve [**getting them to eat with other children**] and [**eating different foods yourself in front of them**].

  • 두 개의 [ ]가 접속사 and로 대등하게 연결되어 있으며, 동사 involve의 목적어이다.

  7행 But often these are just stages [**that they grow out of**], and [*the best way to help them grow out of it*] is [*to ignore it*].

  • 첫 번째 [ ]는 stages를 수식하는 관계절이다.

  • 두 번째 [ ]는 접속사 and 다음에 나오는 절의 주어이며, 세 번째 [ ]는 보어이다.

  9행 [**Making it the focus of the dinner table**] can often make it worse.

  • [ ]로 표시된 부분은 동명사구로 문장의 주어이다.

21   **All about the Met Gala** pp. 070 ~ 071

정답
   1 ②   2 ②   3 ⑤   4 세계적으로 유명한 스타들을 한 자리에서 보는 것
5 the Metropolitan Museum of Art Costume Institute Benefit

지문 해석
    세계에서 가장 유명한 스타들 몇 명을 보고 싶은가? 당신은 영화배우, 음악인, 프로 운동선수, 모델, 그리고 더 많은 유명인들을 한 자리에서 볼 수 있다. 당신은 아마도 그렇게 하려면 할리우드나 칸 영화제를 방문해야 한다고 생각할 것이다. 사실 당신은 둘 중 어느 장소에도 갈 필요가 없다. 당신이 해야 할 일은 뉴욕시에 있는 미술관을 방문하는 것뿐이다.

    해마다 메트로폴리탄 미술관은 특별한 행사를 개최한다. 그것은 공식적으로 '메트로폴리탄 미술관 의상 연구소 자선행사'라고 불린다. 그러나 대부분의 사람들은 그것을 그냥 '멧 갈라'라고 부른다. 그 행사는 매년 5월 첫째 월요일에 열리는데, 흔히 '패션계의 슈퍼볼'이라고 불린다.

    최초의 멧 갈라는 1946년에 개최되었다. 시간이 흐르면서 그것은 인기를 얻었다. 매년 독특한 주제가 있어서 초대 받은 사람들은 그 주제에 맞게 옷을 입도록 권장된다. 예를 들어, 2016년의 주제는 '마누스 x 마키나(손과 기계의 합작으로 만들어지는 작품)'였다. 많은 게스트들은 기계나 미래의 물건과 비슷하게 옷을 차려 입었다. 가수인 Taylor Swift는 영화 「블레이드 러너」에 나오는 인조 인간처럼 보였다. 참석한 모든 사람들은 화려해 보였다. 그것은 정말 재미있게 들린다, 그렇지 않은가?

문제 해설
  1 매년 뉴욕시의 메트로폴리탄 미술관에서 열리는 패션 행사인 '멧 갈라'에 관해 소개하고 있으므로, ② '뉴욕시의 특별한 행사'가 글의 주제로 가장 적절하다.

    ① 기계처럼 보이는 옷
    ③ 유명인들이 입기를 선호하는 옷
    ④ 세계에서 가장 유명한 사람들
    ⑤ 메트로폴리탄 미술관의 전시회

  2 주어진 문장의 a unique theme에 대한 예시가 나오는 문장 앞인 ②에 들어가는 것이 글의 흐름상 가장 적절하다.

  3 멧 갈라는 뉴욕시에 있는 메트로폴리탄 미술관에서 열린다고 했으므로, ⑤ '그것은 할리우드의 한 미술관에서 열린다.'가 글의 내용과 일치하지 않는다. (9행)

    [문제] Met Gala에 관한 글의 내용과 일치하지 <u>않는</u> 것은?
        ① 많은 유명인들이 그것에 참석한다. (2~4행)
        ② 그것은 매년 5월에 열린다. (11~12행)
        ③ 그것은 1946년에 최초로 열렸다. (13행)
        ④ 그것은 매년 주제가 바뀐다. (14행)

  4 do that은 앞 문장의 내용, 즉 세계적으로 유명한 영화배우, 음악인, 프로 운동선수, 모델 등을 한 자리에서 보는 것을 가리킨다.

  5 멧 갈라는 공식적으로 '메트로폴리탄 미술관 의상 연구소 자선행사'라고 불린다고 했다. (10~11행)

    Q 멧 갈라는 공식적으로 무엇이라 불리는가?
    A 그것은 <u>메트로폴리탄 미술관 의상 연구소 자선행사</u>이다.

구문 해설   **11행** But most people just **call it the Met Gala**.
        • 「call+목적어+목적격보어」는 '~을 …라고 부르다'라는 뜻이다. call it the Met Gala를 수동태로 바꾸면 it is called

the Met Gala가 된다.

15행 **Many guests dressed up to resemble machines or objects from the future.**
- to resemble은 to부정사의 부사적 용법으로, '닮기 위해서'라는 뜻의 목적을 나타낸다.

17행 **It sounds like a lot of fun, doesn't it?**
- 「동사+주어?」의 형태로 문장 맨 끝에 붙여 상대방의 동의를 구하거나 사실을 확인하는 부가의문문이다. 앞의 절이 긍정이므로 부정의 부가의문문이 쓰였다.

22 Solvay Hut

pp. 072 ~ 073

정답

1 ⑤　　　2 ④　　　3 (1) F (2) T　　　4 ⓐ the Alps ⓑ mountain climbers
5 is shaped like a pyramid

지문 해석

알프스는 유럽에서 가장 높은 산맥이다. 등산가들은 그 산에 오르는 것을 즐기는데, 어떤 봉우리들은 특히 도전 의식을 불러일으킨다. 알프스의 날씨는 또한 갑자기 변할 수 있다. 한 순간 햇살이 내리쬐고 바람이 없다가 다음 순간 눈이 오고 바람이 불 수도 있다.

그러한 일이 발생하면 등산가들은 대피소를 찾아야 한다. (C) 산 위에 노출되어 있기 때문에 그들은 날씨 때문에 쉽게 부상을 당하거나 심지어 목숨을 잃을 수도 있다. (B) 그래서 알프스의 많은 봉우리 위에는 산장들이 있다. (A) 이들 산장들 중 하나는 솔베이 대피소라고 불린다. 그것은 알프스에서 가장 높은 산들 중 하나인 마터호른에 위치하고 있다. 그 산은 피라미드 모양을 하고 있는데, 이로 인해 그곳의 날씨는 급변한다.

솔베이 대피소는 해발 4,003미터에서 발견된다. 그곳은 10명이 들어갈 공간이 있는데, 그들은 비상시에 그곳에서 머물 수 있다. 그곳은 또한 알프스 전체에서 가장 장관을 이루는 전망 중 일부를 가지고 있다. 셀 수 없이 많은 등산가들이 마터호른 정상으로 오르는 도중에 쉬면서 그 경치를 즐겨 왔다. 그리고 그들의 목숨 중 상당수가 산의 고립된 지점에 위치한 이 대피소에 의해 구조되었다.

문제 해설

1 (C) 급변하는 알프스의 날씨 때문에 등산가들이 부상을 당하거나 목숨을 잃을 수도 있어서 (B) 알프스의 많은 봉우리에 산장들이 있고 (A) 그 산장들 중 하나가 솔베이 대피소라고 이어지는 것이 글의 흐름에 자연스럽다.

[문제] 글의 (A) ~ (C)를 글의 흐름에 맞게 배열한 것으로 가장 적절한 것은?

2 마터호른의 높이에 관해서는 언급되지 않았다.
① 유럽에서 가장 높은 산맥은 무엇인가? (1~2행)
② 알프스의 날씨는 어떠한가? (4~7행)
③ 솔베이 대피소는 어디에 위치하고 있는가? (11~12행)
④ 마터호른은 얼마나 높은가? (언급되지 않음)
⑤ 솔베이 대피소에 몇 사람이 머물 수 있는가? (15~16행)

3 (1) 솔베이 대피소는 알프스의 많은 봉우리 위에 있는 산장들 중 하나라고 했다. (11~12행)
(2) 솔베이 대피소는 등산가들이 비상시에 머물 수 있고, 그들의 목숨 중 상당수가 이 대피소에 의해 구조되었다고 했다. (17~19행)
(1) 솔베이 대피소는 알프스에 있는 유일한 산장이다.
(2) 솔베이 대피소는 비상 대피소인데, 이곳은 수많은 목숨을 구했다.

4 ⓐthem은 앞 문장의 주어인 the Alps를 가리키고, ⓑthey는 (맞게 배열한 문장을 기준으로) 앞 문장의 주어인 mountain climbers를 가리킨다.

5 마터호른은 피라미드 모양을 하고 있어서 그곳의 날씨가 급변한다고 했다. (13~14행)
Q 마터호른의 날씨가 급변하는 이유는 무엇인가?

A 산이 피라미드 모양을 하고 있기 때문이다.

구문 해설 **5행** **It** might be sunny and calm one moment and then snowy and windy the next.

• It은 날씨를 나타내는 비인칭주어로, '그것'이라고 해석하지 않는다.

8행 **One** of these mountain huts **is** called Solvay Hut.

• 문장의 주어는 huts가 아니라 one이므로 단수동사인 is가 쓰였다.

10행 **Exposed on a mountain**, they could easily be injured or even killed due to the weather.

• 앞에 being이 생략된 수동의 분사구문이다. 부사절로 바꾸면 As they are exposed on a mountain이 된다.

13행 The mountain is shaped like a pyramid, **which** causes the weather there to change rapidly.

• which는 계속적 용법으로 쓰인 관계대명사로, 앞의 절 전체를 가리킨다.

19행 And many of their lives have been saved by this hut **located in an isolated spot on the mountain**.

• 'located ~ mountain'은 앞의 명사인 this hut를 수식하는 과거분사구이다.

23 The World's Largest Air Purifier

pp. 074 ~ 075

정답 1 ④ . 2 ④ 3 ③ 4 air, pollution 5 polluted

지문 해석 최근 몇 년 동안 중국은 산업화를 이룩해 왔는데, 그것은 경제 성장을 도왔다. 나라 전역에서 공장들은 전 세계로 수출되는 상품을 생산한다. 불행하게도 이 공장들은 또한 대기 오염을 발생시킨다. 그 결과, 중국의 많은 지역에서 공기의 질은 나쁘다.

서안이라는 도시는 거대한 공기청정기를 세움으로써 이 문제를 해결하려고 노력해 왔다. 그것은 높이가 백미터가 넘어 세계에서 가장 큰 공기청정기이다. 태양 에너지로 작동되는 그것은 오염된 공기를 빨아들인다. 그런 다음 그것은 그 공기를 데워 공기가 상승하게 만든다. 공기가 거대한 구조물을 통해 상승하면서 그것은 여러 개의 정화 필터를 통과한다.

그 공기청정기는 10km² 크기의 지역에서 공기의 질을 개선하기 위해 고안된 것이다. 그것은 효과가 있는 것처럼 보인다. 공기청정기 가까이에 있는 사람들은 그들이 공기가 개선된 것을 알아차렸다고 말한다. 중국의 연구원들은 심지어 이보다 더 큰 공기청정기를 세울 계획을 하고 있다. 그들은 미래에 높이가 5백 미터가 넘는 공기청정기를 세우기를 희망한다. 아마도 이 연구원들은 언젠가 중국에서 대기 오염을 없앨 수 있을 것이다.

문제 해설 1 빈칸 뒤의 내용은 중국의 공장들이 대기 오염을 발생시킨 결과에 해당한다. 따라서 '그 결과'라는 뜻의 ④ As a result가 가장 적절하다.

① 마찬가지로 ② 게다가 ③ 그럼에도 불구하고 ⑤ 그와는 반대로

2 ①, ②, ③, ⑤는 the air purifier를 가리키는 반면, ④는 the air를 가리킨다.

3 공기청정기를 세우는 데 드는 비용에 관해서는 언급되지 않았다.

① 그것은 얼마나 높은가 (10행)
② 그것의 에너지원은 무엇인가 (11행)
③ 그것을 세우는 데 얼마의 비용이 들었는가 (언급되지 않음)
④ 그것은 어떻게 공기를 깨끗하게 하는가 (11~13행)
⑤ 그것은 얼마나 효과적인가 (14~15행)

4 대기 오염을 막기 위해 중국은 서안이라는 도시에 세계에서 가장 큰 공기청정기를 세웠다.

5 '흔히 사람들의 행동 때문에 더러워진'이라는 뜻을 가진 단어는 polluted(오염된)이다. (11행)

구문 해설　**3행**　Throughout the country, factories produce goods [**that are exported around the world**].
　　・[ ]은 주격 관계대명사 that이 이끄는 형용사절로 선행사 goods를 수식한다.

　　12행　Then, it heats the air, **making it rise**.
　　・making it rise는 and makes it rise라는 뜻으로 연속 동작을 나타내는 분사구문이다. 또한 「make＋목적어＋동사원형」
　　은 '〜가 …하게 만들다'라는 뜻이다.

　　16행　Chinese researchers are planning to build an **even** bigger *one*.
　　・even은 '훨씬'이라는 뜻으로 비교급의 의미를 강조하는 부사이다. much, far, still, a lot 등으로 바꾸어 쓸 수 있다.
　　・one은 앞에 나온 purifier를 가리킨다.

24　Hawaiian Pizza

pp. 076 ~ 077

정답　　1 ⑤　　　2 ④　　　3 pineapple and ham　　4 food → foods

Summary　immigrated, Hawaiian, disliked, caught on

지문 해설　　많은 한국인들이 음식점에서 프라이드 치킨을 주문하는 것을 즐기지만, 피자는 세계적으로 가장 인기 있는 음식 중 하나이다. 사람들은 피자 위에 매우 다양한 토핑을 얹는다. 페퍼로니 피자, 버섯 피자와 콤비네이션 피자가 몇 가지 인기 있는 종류이다. 또 다른 피자는 하와이언 피자이다. 이 피자는 흥미로운 유래를 갖고 있다.
　　1954년에 Sam Panopoulos는 그리스에서 캐나다로 이주했다. 그곳에서 그는 Satellite라는 이름의 음식점을 열었다. 처음에 그의 음식점은 팬케이크와 햄버거 같은 음식을 팔았지만, 그는 후에 메뉴에 피자를 추가했다. 남태평양과 중국 문화에 영감을 받아서 Panopoulos는 피자 위에 파인애플을 얹기로 결심했다. 후에 그는 햄을 추가해 그것을 하와이언 피자라고 불렀다.
　　그것은 단맛과 신맛을 섞어 놓았기 때문에 사람들은 처음에 그것을 싫어했다. 그러나 그들은 재빨리 그것에 익숙해졌다. 그 피자는 인기를 끌었고 캐나다와 미국 전역으로 퍼졌다. 오늘날 대부분의 주요 피자 체인들은 하와이언 피자를 판매하고, 그것은 전 세계적으로 유명하다. 그것은 호주에서 가장 인기 있는 종류의 피자가 되었다. 그것을 매우 싫어하는 사람들이 있지만, 그것은 전 세계 어디나 많은 팬을 갖고 있다.

문제 해설　1　파인애플과 햄을 토핑으로 하는 하와이언 피자의 유래에 관해 소개하고 있으므로, ⑤ '하와이언 피자의 유래를 설명하기 위해서'가 글의 목적으로 가장 적절하다.
　　[문제]　글의 목적으로 가장 적절한 것은?
　　　　① 하와이언 피자 만드는 법을 알려 주기 위해서
　　　　② 몇몇 인기 있는 간식에 관해 논의하기 위해서
　　　　③ Sam Panopoulos의 일생에 관해 이야기하기 위해서
　　　　④ 사람들이 하와이언 피자를 좋아하는 이유를 설명하기 위해서

　　2　사람들은 하와이언 피자가 단맛과 신맛을 섞어 놓았기 때문에 처음에는 싫어했다고 했으므로, ④ '하와이언 피자는 즉각 인기를 끌었다.'가 글의 내용과 일치하지 않는다. (12행)
　　[문제]　글의 내용과 일치하지 않는 것은?
　　　　① Sam Panopoulos는 그리스에서 태어났다. (6행)
　　　　② Sam Panopoulos는 하와이언 피자를 발명했다. (9~11행)
　　　　③ 최초의 하와이언 피자는 Satellite에서 판매되었다. (7~11행)
　　　　⑤ 하와이언 피자는 호주에서 매우 인기가 있다. (15~16행)

3 Panopoulos는 피자 위에 파인애플을 얹고 후에 햄을 추가해 그것을 하와이언 피자라고 불렀다. (9~11행)

[문제] 하와이언 피자에는 어떤 토핑이 올라가는가?

→ 파인애플과 햄

4 '가장 ~한 것들 중 하나'를 나타내는 표현은 「one of the + 최상급 + 복수명사」이다. 따라서 food를 foods로 고친다.

[문제] 밑줄 친 문장을 읽고 틀린 곳을 바르게 고치시오.

- -

Summary   [문제] 아래 주어진 단어나 어구를 활용해 빈칸을 채우시오.

싫어했다	하와이언	인기를 얻었다	이주했다

1954년에 Sam Panopoulos는 캐나다로 이주해 음식점을 열었다. 어느 날 그는 피자 위에 파인애플과 햄을 얹기로 결심했다. 그는 그것을 하와이언 피자라고 불렀다. 사람들은 처음에 그것을 싫어했다. 그러다가 그것은 인기를 끌었고 캐나다와 미국 전역으로 퍼졌다. 그것은 전 세계적으로 유명하고 호주에서 가장 인기 있는 종류의 피자이다.

- -

구문 해설   **7행** There, he opened a restaurant **named the Satellite**.

• named the Satellite는 a restaurant를 수식하는 과거분사구이다.

9행 **Inspired by South Pacific and Chinese cultures**, Panopoulos decided to put pineapple on top of pizzas.

• As he was inspired by South Pacific and Chinese cultures의 부사절을 분사구문으로 바꾼 것이다. 수동태의 문장을 분사구문으로 만들 경우에는 being을 생략하고 과거분사로 시작하는 수동의 분사구문을 사용한다.

10행 Later, he added ham and **called it Hawaiian pizza**.

• 「call + A(목적어) + B(목적격보어)」는 'A를 B라고 부르다'라는 뜻이다.

Focus on Sentences

p. 078

A **1** 당신이 해야 할 일은 뉴욕시에 있는 미술관을 방문하는 것뿐이다.
  2 그것은 알프스에서 가장 높은 산들 중 하나인 마터호른에 위치하고 있다.
  3 최근 몇 년 동안 중국은 산업화를 이룩해 왔는데, 그것은 경제 성장을 도왔다.
  4 중국 문화에 영감을 받아서 그는 피자 위에 파인애플을 얹기로 결심했다.

B **1** Everyone in attendance looked glamorous.
  2 Chinese researchers are planning to build an even bigger one.
  3 It has become the most popular type of pizza in Australia.

C **1** Many guests dressed up to resemble machines or objects from the future.
  2 Climbers have enjoyed the scenery while they rest on their way up to the mountain.
  3 These researchers will be able to get rid of the air pollution in China one day.

유형 도전	④
변형 문제	헝가리의 가장 유명한 케이크이다.

지문 해석 · **제과 수업**

가족이 운영하는 부다페스트의 가장 오래된 제과점의 부엌에서 헝가리 디저트의 비결을 배우세요.

헝가리의 가장 유명한 케이크인 캐러멜이 위에 올려진 Dobos torta을 구울 것입니다.

여러분은 커피와 몇 가지 디저트 시식으로 시작할 겁니다.

그런 다음 주방으로 가서 모든 사람들이 자신의 케이크를 만들 것입니다.

(케이크를) 구운 다음, 자신이 만든 것을 맛보고, 나머지는 상자에 넣어서 가져갈 수 있습니다.

이 수업에 참여해서 헝가리 디저트의 다양성을 알아보고 몇몇 역사적인 음식의 뒤에 숨겨진 매력적인 이야기를 들으세요.

세부 사항

수업료: 일인당 150달러

지속 시간: 3시간

그룹 규모: 3~8명

문제 해설 · 가족이 운영하는 제과점(family-run bakery)에서 진행되고(3행), 헝가리의 유명한 케이크(Hungary's most famous cake)를 만들 예정이며(4행), 수업 전에 커피와 디저트를 맛볼 것(start with coffee and a sampling of a few desserts)이다(5행). 3시간 동안 진행되며 수업료는 일인당 150달러(Tuition: $150 per person / Duration: 3 hours)이다(12~13행). 자기가 만든 케이크를 맛본다고 했으므로(7행), ④ '서로의 케이크를 맛보고 품평회를 열 것이다'는 안내문의 내용과 일치하지 않는다.

변형 문제 · Hungary's most famous cake, the caramel-topped Dobos torta에서 정답을 추론할 수 있다. (4행)

구문 해설 · **6행** You'll then head to the kitchen, [**where everybody will make their own cake**].
- [ ]로 표시된 부분은 the kitchen을 수식하는 관계절이다.

9행 *Join* this class to [**discover the variety of Hungarian desserts**] and to [**hear the fascinating stories behind some of the historical dishes**].
- 두 개의 [ ]는 접속사 and로 대등하게 연결되고 있으며, to 다음에 이어진다.
- 동사 Join으로 시작하는 명령문이다.

정답 및 해설 **37**

25 Sous Vide Cooking

pp. 082 ~ 083

정답 1 ④ 2 ③ 3 ③ 4 under vacuum 5 sous vide cookers

지문 해석
　식당들이 어떻게 완벽한 맛과 모양을 가진 음식을 준비할 수 있는지 궁금해 여긴 적이 있는가? 당신은 요리법을 구해서 그것을 그대로 따라 할지도 모른다. 그러나 당신은 식당 음식의 맛과 모양을 결코 복제할 수 없다. 식당은 아마도 오븐으로 요리하지 않을 것이다. 대신에 수비드 조리법을 사용한다.

　수비드는 '진공 상태'를 뜻하는 프랑스 용어이다. Georges Pralus와 Bruno Goussault라는 두 요리사가 둘 다 1970년대에 그것을 개발했다. 기본적으로, 사람은 요리될 음식을 준비한 다음 그것을 봉지에 넣어 밀폐시킨다. 그 다음에 봉지를 중탕 냄비에 넣는다. 온도가 정확하게 관찰될 수 있기 때문에 음식은 완전히 익힌다. 사람이 해야 할 일은 시간과 적절한 온도를 설정하는 것뿐이다.

　수비드 조리법은 많은 장점을 갖고 있다. 음식이 봉지 안에 있기 때문에 그 자체에서 나오는 즙으로 요리된다. 그것은 음식을 촉촉하고 부드럽게 만든다. 또한 그것은 매번 같은 방식으로 음식을 요리한다. 음식은 또한 너무 오래 익히는 일이 없다. 과거에는 고급 식당들만이 수비드 조리 기구를 갖고 있었다. 오늘날에는 가격이 내려서 많은 사람들이 그것을 집에 가지고 있다. 이는 일반 사람들이 자신의 주방에서 편안하게 전문가들처럼 요리하게 한다.

문제 해설
1 밀폐된 봉지에 음식물을 담아 물속에서 익히는 조리법인 수비드 조리법에 관해 소개하고 있으므로, ④ '수비드 조리법이 무엇인지 설명하기 위해서'가 글의 목적으로 가장 적절하다.

　[문제] 글의 목적으로 가장 적절한 것은?
　① 식당에서 음식을 홍보하기 위해서
　② 수비드 요리법 몇 가지를 설명하기 위해서
　③ 독자들에게 수비드 조리법을 시도해 보도록 권장하기 위해서
　⑤ Georges Pralus와 Bruno Goussault의 생애를 상세히 설명하기 위해서

2 주어진 문장 앞에 bag에 관한 언급이 있어야 하므로 ③에 들어가는 것이 가장 자연스럽다.

3 수비드 조리법의 장점에 관해서는 세 번째 단락에서 설명하고 있는데, 음식을 밀폐시키는 데 사용된 봉지를 여러 번 사용할 수 있는지는 글에서 언급되지 않았다.

4 수비드는 '진공 상태'를 뜻하는 프랑스 용어라고 했다. (8행)

　Q 수비드는 영어로 무슨 뜻인가?
　A 그것은 '진공 상태'를 의미한다.

5 them은 앞 문장에 나온 sous vide cookers를 가리킨다.

구문 해설
1행 Have you ever wondered **how restaurants can prepare** food that *tastes and looks perfect*?
　• how restaurants can prepare는 간접의문문으로, 「의문사+주어+동사」의 어순에 주의한다.
　• taste, look, sound, smell과 같은 감각동사는 형용사와 함께 쓰여 '~하게 맛이 나다/보이다/들리다/냄새가 나다'라는 뜻이다.

12행 **All [(that) a person must do]** *is* set the time and proper temperature.
　• [ ]은 선행사 All을 수식하는 형용사절로, a person 앞에는 목적격 관계대명사 that이 생략되어 있다.
　• All은 '~하는 오직 한 가지'라는 뜻이므로 동사는 단수형으로 쓴다.

14행 **With the food being** in a bag, it cooks in its own juices.
　• 「with+명사+분사」의 분사구문으로, 명사와 분사가 능동의 관계일 때는 현재분사를 쓴다.

19행 That **lets regular people cook** like professionals from the comfort of their own kitchen.

· 「let+목적어+동사원형」은 '~가 …하게 (허락)하다'라는 뜻이다.

26 Finland: The Happiest Country in the World

pp. 084 ~ 085

정답 1 ③   2 ③   3 ⑤   4 saunas   5 nature, icy, water, Northern, Lights

지문 해석   핀란드는 북극권 근처의 북유럽에 위치하고 있다. 날씨는 거의 1년 내내 춥고, 땅의 대부분이 1년 중 몇 달 동안 어둡다. 그럼에도 불구하고 핀란드 사람들은 매우 행복하다. 실제로 최근의 여러 조사에서 그들은 세계에서 가장 행복한 사람들에 속하는 것으로 평가되고 있다.

여기에는 몇 가지 이유가 있다. 우선, 핀란드 사람들은 자주 밖에 나가 주변의 땅을 즐긴다. 핀란드는 적은 인구를 가진 큰 나라이므로 그들이 자연을 즐기기 위해 다른 사람들로부터 벗어나는 것은 쉽다. 많은 핀란드 사람들이 그 나라의 수많은 숲 속을 걷는 것을 즐기고, 딸기류를 따거나 그저 자연을 관찰한다. 그들은 그것을 하고 있을 때 평화로움을 느낀다.

어떤 핀란드 사람들은 기온이 영하일 때 얼음물에서 수영하는 것을 매우 좋아한다. 그들은 물 밖으로 나온 후에 활기를 되찾은 기분이 드는데, 이것이 그들을 행복하게 만든다. 그 후에 그들은 사우나로 향할지도 모른다. 사우나는 핀란드 문화의 큰 일부이고, 그곳에서 시간을 보내는 것은 핀란드 사람들을 행복하게 만든다. 암흑조차도 그들은 크게 신경 쓰지 않는다. 그들은 북극광이라고 불리는 오로라의 찬란한 색들이 밤하늘에서 춤추는 것을 보러 나가는 것을 매우 좋아한다.

문제 해설   **1** 첫 단락에서 핀란드 사람들이 세계에서 가장 행복한 사람들 중 하나라는 조사 결과를 언급하며 그 이유에 관해 구체적으로 설명하고 있으므로, ③ '핀란드 사람들이 매우 행복한 이유들'이 글의 주제로 가장 적절하다.

① 세계에서 가장 행복한 나라들
② 사람이 행복한 삶을 살 수 있는 방법들
④ 관광객들에게 인기 있는 핀란드 문화의 측면들
⑤ 핀란드의 자연 경관과 그것이 사람들에게 미치는 영향

2 (A) 여러 조사에서 핀란드 사람들이 가장 행복한 사람들 중 하나로 평가된 것이므로, '평가하다'라는 뜻의 동사 rate의 과거분사인 rated가 적절하다. based는 '~에 근거하는'이라는 뜻으로 주로 전치사 on과 함께 쓰인다.

(B) 핀란드 사람들은 자연을 즐기는 것을 좋아한다고 했으므로, '관찰하다'라는 뜻의 observe가 적절하다. ruin은 '망치다, 파괴하다'라는 뜻이다.

(C) 얼음물에서 수영한 후 물 밖으로 나올 때 느끼는 기분에 해당하는 단어가 들어가야 하므로, '활기를 되찾은'이라는 뜻의 renewed가 적절하다. reflected는 '반영된, 반사된'이라는 뜻이다.

3 어느 계절에 북극광이 가장 밝은지에 관해서는 글에서 언급되지 않았다.

[문제] 글을 읽고 답할 수 없는 질문은?
① 핀란드는 어디에 위치하고 있는가? (1~2행)
② 여러 조사는 핀란드 사람들의 행복을 어떻게 평가하는가? (6~8행)
③ 핀란드 사람들은 자연에서 무엇을 하는 것을 즐기는가? (11~13행)
④ 핀란드 사람들은 얼음물에서 수영한 후에 어떤 기분이 드는가? (15~16행)
⑤ 어느 계절에 북극광이 가장 밝은가? (언급되지 않음)

4 them은 앞에 나온 saunas를 가리킨다.

5 핀란드 사람들은 밖에 나가서 자연을 즐기는 것을 좋아한다. 그들은 또한 얼음물에서 수영하고 사우나에 가는 것을 좋아한다. 그리고 그들은 밤에 북극광을 보는 것을 즐긴다.

1행 Finland is a large country with a small population, so **it** is easy *for them* **to get** away from others to enjoy nature.
- it은 가주어이고, to get이 진주어이다.
- for them은 to부정사의 의미상의 주어이다.

13행 They feel at peace when **(they are)** doing that.
- 접속사 when과 현재분사 doing 사이에 they are가 생략된 형태이다. 부사절의 주어가 주절의 주어와 같고 be동사일 경우에는 생략이 가능하다.

15행 They feel renewed after getting out of the water, **which** makes them happy.
- which는 계속적 용법의 관계대명사로, 앞의 절 전체를 선행사로 받는다.

19행 They love going out to **see the brilliant colors of the auroras called the Northern Lights dancing** across the night sky.
- see가 5형식 문장에서 지각동사로 쓰일 때 목적격보어 자리에는 동사원형을 쓰지만, 진행의 의미를 강조할 때는 현재분사(dancing)를 쓸 수 있다.

27 The Marshmallow Challenge pp. 086 ~ 087

정답
1 ④ 2 ③ 3 (1) T (2) F 4 There are a limited number of items the teams can use.
5 It is not as easy as it looks.

지문 해석
　재미있으면서도 도전적인 대회에 참가하고 싶은가? 당신의 대답이 '네'라면 당신은 어떤 팀의 일원이 될 필요가 있다. 마시멜로 챌린지는 다른 사람들과 함께 일하고 협동하는 것에 관한 것이다.
　마시멜로 챌린지는 간단하다. 각 팀은 다음과 같은 물품들, 즉 스파게티 20가닥, 테이프 1야드, 실 1야드, 그리고 마시멜로 1개를 준비한다. 목표는 그 물품들을 가지고 18분 안에 가장 높은 구조물을 세우는 것이다. 아, 그리고 마시멜로는 맨 위에 위치해야 한다.
　그것은 보이는 것만큼 쉽지는 않다. 가장 성공한 팀은 팀워크가 가장 좋은 팀이다. 팀이 사용할 수 있는 물품들의 수가 제한되어 있기 때문에 창의력을 발휘하는 것 또한 중요하다. 흥미롭게도, 유치원생들과 경영 대학원 학생들 간의 대회에서 더 어린 그룹이 거의 항상 이긴다.
　그 이유는 뭘까? 한 가지 이유는 아이들이 함께 공부하고 함께 노는 것에 익숙하다는 것이다. 그래서 그들은 독특한 아이디어를 내고 경영 대학원 학생들의 그것보다 더 높이 구조물을 만들 수 있다. 게다가 경영 대학원 학생들은 너무 많이 계획을 세워서 그들은 유치원생들보다 더 천천히 만든다.

문제 해설
1 (A) 유치원생들과 경영 대학원 학생들 간의 대회에서 유치원생들이 거의 항상 이긴다는 것은 흥미로운 사실이라고 볼 수 있으므로, '흥미롭게도'라는 뜻의 Interestingly가 적절하다.
　(B) 유치원생들과 경영 대학원 학생들 간의 대회에서 유치원생들이 거의 항상 이기는 한 가지 이유에 덧붙여 또 다른 이유를 설명하고 있으므로, '게다가, 덧붙여'라는 뜻의 In addition이 적절하다.
　[문제] 글의 빈칸 (A), (B)에 들어갈 말로 가장 적절한 것은?
　　① 그럼에도 불구하고 - 게다가 ② 그럼에도 불구하고 - 그에 반해서 ③ 그러므로 - 예를 들어
　　④ 흥미롭게도 - 게다가 ⑤ 흥미롭게도 - 예를 들어

2 마시멜로 챌린지를 하기 위해 준비해야 할 물품은 스파게티 20가닥, 테이프 1야드, 실 1야드, 그리고 마시멜로 1개이다. (6~7행)
　① 스파게티 ② 테이프 ③ 풀 ④ 실 ⑤ 마시멜로 한 개

3 (1) 마시멜로 챌린지의 목표는 18분 안에 가장 높은 구조물을 세우는 것이라고 했다. (7~8행)

(2) 유치원생들과 경영 대학원 학생들 간의 대회에서 더 어린 그룹, 즉 유치원생들이 거의 항상 이긴다고 했다. (11~13행)

(1) 마시멜로 챌린지의 목표는 가장 높은 구조물을 만드는 것이다.

(2) 경영 대학원 학생들은 유치원생들과의 대회에서 보통 이긴다.

4 마시멜로 챌린지는 팀이 사용할 수 있는 물품들의 수가 제한되어 있기 때문에 창의력을 발휘하는 것 또한 중요하다고 했다. (10~11행)

Q 마시멜로 챌린지를 하는 사람들은 왜 창의적이어야 하는가?

A 팀들이 사용할 수 있는 물품들의 수가 제한되어 있다.

5 '~만큼 …하지 않은'이라는 뜻의 원급 비교 구문인 「not as+형용사+as」를 사용하여 표현한다.

구문 해설

7행 The objective is **to build** the tallest structure with those items in eighteen minutes.
- to build는 보어로 쓰인 to부정사의 명사적 용법으로, '~하는 것'이라고 해석한다.

9행 It is **not as easy as** it looks.
- 「not as+형용사+as」는 '~만큼 …하지 않은'이라는 뜻의 원급 비교 구문이다.

10행 **It** is also important **to be creative** since there are a limited number of items [(*that*) *the teams can use*].
- It은 가주어이고, to be creative가 진주어이다.
- [ ]은 선행사 a limited number of items를 수식하는 형용사절로, 앞에 목적격 관계대명사 that이 생략되어 있다.

28 An Underground City

정답　　1 ⑤　　2 ②　　3 heating, cooling, and drainage systems　　4 livestock

Summary　underground, separate, heating, modern

지문 해석　　문학 작품에서는 지하에 살고 있는 사람들에 대한 이야기들이 있다. 어떤 사람들은 심지어 지구공동설을 믿는다. 그들은 지표면 아래에 전체 사회가 살고 있다고 생각한다. 대부분의 사람들은 이러한 이야기들이 거짓이라고 믿지만, 실제로 중국에는 한때 거대한 지하 사회가 있었다.

중국 상하이에서 서쪽으로 천 킬로미터 이상 떨어진 곳에 허난성의 한 도시인 싼먼샤가 있다. 그곳에서 고고학자들은 한때 2백만 명이 살았던 지하 도시를 발견했다. 1만 호가 넘는 지하 주택이 그곳에 위치하고 있었던 것으로 추정된다. 일부 주택들은 역사가 4천 년 이상 거슬러 올라갈지도 모른다. 그 주택들은 독립된 침실, 거실 그리고 주방을 갖고 있었다. 그것들은 저장실과 가축을 위한 공간을 갖고 있었다. 지하에 있는 구역들은 또한 훌륭한 난방, 냉방 및 배수 시스템을 갖추고 있었다.

지하 주택 한 채를 파는 데는 약 3년이 걸렸던 것으로 여겨진다. 흥미롭게도 약 3천 명이 지하에 있는 이 지역들에 여전히 살고 있다. (B) 그들의 주택은 현대화되고 전기와 실내 배관 시설을 갖추고 있다. (A) 하지만 곧 그들은 사생활이 많이 없게 될 것이다. (C) 중국 정부는 그 지역을 관광 명소로 바꾸고 있다.

문제 해설　　**1** 중국에 한때 존재했던 거대한 지하 도시인 싼먼샤에 관해 소개하고 있으므로, ⑤ '싼먼샤: 사람들이 지하에 사는 장소'가 글의 제목으로 가장 적절하다.

[문제] 글의 제목으로 가장 적절한 것은?

① 중국의 가장 인기 있는 관광 명소

② 지하 주택들은 왜 쾌적한가

③ 지하 주택은 어떻게 생겼는가

④ 4천 년 동안 지표면 아래에서의 생활

2 사생활이 없게 되는 이유는 중국 정부가 그 지역을 관광 명소로 만들고 있기 때문이므로 (A) 뒤에 (C)가 오는 것이 적절하다. 또한 (B)의 내용은 약 3천 명이 살고 있는 지하 주택의 현재 모습에 해당하므로 맨 앞에 와야 한다. 따라서 (B)-(A)-(C)의 순서가 되어야 한다.

[문제] 문장 (A) ~ (C)를 글의 흐름에 맞게 배열한 것은?

3 지하에 있는 구역들은 훌륭한 난방, 냉방 및 배수 시스템도 갖추고 있었다고 했다. (14~15행)

[문제] 지하에 있는 구역들은 어떤 시스템들을 갖추고 있었는가?
→ 그것들은 훌륭한 <u>난방, 냉방 및 배수 시스템</u>을 갖추고 있었다.

4 '말, 소와 돼지 같이 농장에서 길러지는 동물들'이라는 뜻을 가진 단어는 livestock(가축)이다. (13행)

[문제] 다음 주어진 뜻을 가진 단어를 글에서 찾아 쓰시오.

Summary [문제] 아래 주어진 단어나 어구를 활용해 빈칸을 채우시오.

현대적인	독립된	난방	지하의

중국의 싼먼샤에는 거대한 지하 사회가 있었다. 그곳에서 한때 2백만 명이 살았다. 1만 호가 넘는 지하 주택이 그곳에 있었다. 이 주택들은 <u>독립된</u> 침실, 거실 그리고 주방이 있었다. 그것들은 또한 <u>난방</u>, 냉방 및 배수 시스템을 갖추고 있었다. 오늘날 싼먼샤에는 약 3천 명이 여전히 지하에 살고 있다. 그들은 전기와 실내 배관 시설을 갖춘 <u>현대적인</u> 주택들을 갖고 있다.

구문 해설

1행 In literature, there are stories about people **living underground**.
 • living underground는 앞의 명사 people을 수식하는 현재분사구이다.

8행 More than 1,000 kilometers west of Shanghai, China, is **Sanmenxia, a city in Henan Province**.
 • Sanmenxia와 a city in Henan Province는 동격의 관계이다.

10행 More than 10,000 underground homes are thought **to have been** located there.
 • 'It is thought that more than 10,000 underground homes have been located there.'와 같은 의미로, to부정사의 시제가 문장의 동사보다 이전 시점이므로 완료부정사(「to+have+p.p.」)를 썼다.

16행 It is believed that **it took around three years to dig** out an underground home.
 • '~하는 데 …의 시간이 걸리다'라는 뜻의 「It takes+시간+to부정사」 구문이 쓰였다.

Focus on **Sentences**

p. 090

A 1 식당들이 어떻게 완벽한 맛과 모양을 가진 음식을 준비할 수 있는지 궁금해 여긴 적이 있는가?
 2 많은 핀란드 사람들이 그 나라의 수많은 숲 속을 걷는 것을 즐긴다.
 3 그들은 경영 대학원 학생들의 그것보다 더 높이 구조물을 만들 수 있다.
 4 지하 주택 한 채를 파는 데는 약 3년이 걸렸던 것으로 여겨진다.

B 1 That lets regular people <u>cook like professionals</u> from the comfort of their own kitchen.
 2 They love to <u>see the brilliant colors of the auroras dancing</u> across the night sky.
 3 One reason is that <u>children are used to working and playing together</u>.

C 1 Would you like to <u>take part in</u> a contest that is both fun and challenging?
 2 It is easy for them to <u>get away</u> from others to enjoy nature.
 3 The Chinese government is <u>turning</u> the area <u>into</u> a tourist attraction.

 p. 091

유형 도전 ⑤

변형 문제 아버지는 물건을 판매하는 날에는 노트에 많은 금별을 붙인다.

지문 해석 내가 십대였을 때, 하루는 나의 아버지의 업무 약속 공책이 바닥에 떨어져서 펼쳐졌다. 나는 우연히 페이지에 있는 많은 금별을 보았다. 그것을 집어 들면서, 나는 그 공책을 훑어보았고, 많은 페이지에 많은 수의 금별이 있는 것을 보았다. 나는 아버지에게 왜 어른이 자신의 책에 금별을 풀로 붙였는지를 물었다. 아버지는 물건을 판매하는 날에는 그 페이지에 많은 금별을 붙인다고 내게 말씀하셨다. 아버지는 이것이 자신의 인생에서 잘 되어갔던 것에 집중할 수 있게 해준다고 말했다. 일이 잘 풀리지 않았던 날에는 아버지는 페이지를 뒤로 넘겨서는 자신의 금별들을 보곤 했다. 그것들은 아버지에게 그의 인생과 경력에서 잘 되어갔던 것을 상기시켜 주곤 했다. 그날 무슨 일이 일어났던 간에, 아버지는 자신이 성공했던 것을 볼 수 있었다. 내 아버지는 그것에 대한 이름을 알지 못했지만, 아버지가 그 당시 하고 있었던 것은 자신의 자부심을 고정시키는 것이었다.

문제 해설 아버지는 물건을 판매하지 못한 날에는 물건을 판매한 날에 붙인 금별을 보면서, 자신이 얼마나 잘 했었는지를 생각한다고 했으므로, 빈칸에 들어갈 말로 ⑤ '자부심'이 적절하다.
① 취향 ② 정직 ③ 야망 ④ 훌륭한 대의

변형 문제 업무 약속 공책에 금별을 붙이는 이유를 묻는 필자에게 아버지는 물건을 판매하는 날에 금별을 붙인다고 했다. (3~4행)

구문 해설 **5행** He said it **kept him focused** on [*what went right in his life*].
- 「keep+목적어+목적보어」 구문은 '(목적어)가 ~인 상태로 유지하다'의 의미이다.
- [ ]로 표시된 부분은 what이 이끄는 명사절로 전치사 on의 목적어이다.

7행 They would **remind** him **of** [*what was going right in his life and in his career*].
- remind A of B 구문은 'A에게 B를 상기시키다'의 의미이다.
- [ ]로 표시된 부분은 what이 이끄는 명사절로 전치사 of의 목적어이다.

9행 [**What my Dad was doing back then**], though he didn't have a name for it, **was** "anchoring" his self-esteem.
- [ ]로 표시된 부분은 문장의 주어이며, 여기에 연결되는 서술어는 was이다.

정답 및 해설 43

29 The Art of Organizing

pp. 094 ~ 095

정답 1 ③   2 ④   3 (1) T (2) F   4 the clothes you will get rid of   5 recycle them

지문 해석 당신은 입을 것을 찾기 위해 옷장을 연다. 당신은 보고 있는 동안 자신이 너무 많은 옷을 가지고 있다고 단정짓는다. 당신은 가지고 있는 옷의 수를 세 가지 쉬운 단계를 통해 줄일 수 있다.

첫 번째 단계는 필수 품목들을 가지고 있는 것이다. 당신이 어떤 옷들을 모든 계절에 입을 수 있는지에 대해 생각하라. 여기에는 티셔츠, 청바지, 그리고 스웨터들이 포함된다. 더 시원한 날씨를 위해 상의 몇 개는 반드시 가지고 있어야 한다. 그리고 평상시에 신을 신발과 격식을 차린 신발도 반드시 가지고 있어야 한다.

그 다음에는 없앨 것을 결정하라. 유행이 지난 옷들뿐만 아니라 당신이 일년 이상 입지 않은 옷들을 찾아라. 중복되는 물건이 있다면 그것들 모두가 필요하지는 않다. 당신이 특정한 옷들을 입었을 때의 모습을 좋아하지 않는다면, 그것들을 옷장에서 없애라.

최종적으로 두 개의 더미가 생긴다. 당신이 가지고 있을 옷들과 당신이 없앨 옷들이다. 당신이 가지고 있을 옷을 옷장에 다시 넣어라. 다른 것들의 경우에는, 그것들이 상태가 좋으면 자선 단체에 기부하라. 그런 다음, 낡거나 찢어진 옷들은 재활용하라. 그게 전부다.

문제 해설 1 이 글은 세 단계를 통해 옷장 안을 정리하는 방법을 설명하는 글이므로, ③ '깨끗한 옷장을 만드는 세 단계'가 글의 제목으로 가장 적절하다.

① 사람들은 왜 옷장을 청소하는가?
② 옷을 없애기에 가장 좋은 때
④ 옷장, 사람들이 옷을 보관하는 곳
⑤ 옷장은 얼마나 커야 할까?

2 옷장을 정리하는 세 단계 중 마지막 단계를 설명하는 문장이므로, 여러 개를 언급할 때 마지막에 쓰는 연결사인 ④ '마지막으로, 최종적으로'가 들어가는 것이 가장 자연스럽다.

① 다행스럽게도 ② 그러나 ③ 다시 말해서 ⑤ 게다가

3 (1) 평상시에 신을 신발과 격식을 차린 신발을 반드시 가지고 있으라고 했다. (7행)
(2) 유행이 지난 옷은 버리라고 했다. (8~9행)

⑴ 서로 다른 두 종류의 신발을 가지고 있는 게 좋다.
⑵ 유행이 지난 옷을 보관하는 게 좋다.

4 they는 버릴 옷을 가리킨다.

[문제] 글의 밑줄 친 ⓐthey가 가리키는 것을 본문에서 찾아 영어로 쓰시오.

5 버릴 옷 중 낡거나 찢어진 옷은 버리라고 했다. (15~17행)

Q 이 글은 낡거나 찢어진 옷을 어떻게 하라고 하는가?
A 재활용하라고 한다.

구문 해설 **1행** You open your closet **to look** for something *to wear*.
• to look은 to부정사의 부사적 용법으로 목적을 나타낸다.
• to wear는 to부정사의 형용사적 용법으로 앞에 있는 something을 수식한다.

8행 Next, decide **what to get** rid of.
• 「what+to-v」는 '무엇을 ~할지'라는 뜻을 나타내며 decide의 목적어 역할을 한다.

Look for **clothes you have not worn in more than a year as well as items that are out of style**.
- A as well as B는 'B뿐만 아니라 A도'라는 뜻을 나타낸다. not only B but also A로 바꿔 쓸 수 있다.

Finally, you **should** have two piles: the clothes you will keep and the clothes you will get rid of.
- 여기서 should는 예상 또는 추측을 나타내며 '(아마) ~일 것이다'라고 해석한다.

30 Sleeping Positions and Personalities

pp. 096 ~ 097

정답

1 ⑤   2 ③   3 ②   4 artistic activities such as painting and dancing
5 with your arms and legs sticking out

지문 해석   당신은 밤에 잠자리에 들 때 어떻게 자는가? 당신은 아마도 옆으로 자거나 혹은 뱃속의 아기처럼 움츠리고 잘 것이다. 어쩌면 당신은 반듯이 눕거나 엎드려서 자는 경향이 있을지도 모른다. 당신은 심리학자들이 당신의 수면 자세를 아는 것으로써 당신의 성격을 알 수 있다고 믿는다는 것을 알고 있었는가?

예를 들어, 당신은 팔과 다리를 내민 채 엎드려 잘지도 모른다. 당신은 책임 지는 것을 즐기는 지도자일 가능성이 높다. 당신은 개인 및 직장 생활에서 명령을 선호하고 뜻밖의 일을 정말로 싫어한다. 반듯이 누워서 자는 사람들은 어떤가? 그들은 강인하고 긍정적인 성격을 갖고 있으며, 관심의 대상이 되는 것을 매우 좋아한다. 그들은 또한 고집이 셀 수 있지만 거의 항상 진실을 말한다.

옆으로 자는 사람들에 관해 심리학자들은 그들이 차분하고 신뢰할 만한 사람들이라고 말한다. 그들은 자신들의 삶에서 일어나는 변화에 쉽게 적응할 수 있다. 마지막으로, 어떤 사람들은 태아처럼 움츠리고 잔다. 그들은 자신들이 보호 받고 이해 받기를 요구하는 성격을 가지고 있다. 그들은 그림과 춤 같은 예술 활동에 탁월한 경우가 많다.

그렇다면 당신은 어떤가? 당신의 수면 자세는 당신의 성격을 정확히 예측하는가?

문제 해설   1 수면 자세를 통해 사람의 성격을 알 수 있다는 내용이므로, ⑤ '성격과 수면 자세의 연관성'이 글의 주제로 가장 적절하다.

① 수면 자세는 왜 성격에 영향을 미치는가
② 사람의 성격을 알 수 있는 가장 쉬운 방법
③ 사람들은 왜 특정 자세로 자는 것을 좋아하는가
④ 사람들이 갖고 있는 가장 흔한 수면 자세

2 선행사가 사람(those individuals)이고 관계대명사가 이끄는 형용사절에서 주어 역할을 하므로 ③which를 who로 고친다.

① 「tend+to-v」는 '~하는 경향이 있다'라는 뜻이다.
② 「by+-ing」는 '~함으로써'라는 뜻이다.
④ 주격 관계대명사가 이끄는 형용사절에서 동사는 선행사의 수에 일치하므로 복수동사인 happen이 쓰인 것은 어법상 적절하다.
⑤ them은 주어인 they를 가리키는 목적격 대명사이다.

3 ② 반듯이 누워서 자는 사람들은 강인하고 긍정적인 성격을 갖고 있으며, 관심의 대상이 되는 것을 매우 좋아한다고 했다. (11~12행)

[문제] 수면 자세에 관한 글의 내용과 일치하는 것은?

4 태아처럼 움츠리고 자는 사람들은 그림과 춤 같은 예술 활동에 탁월한 경우가 많다고 했다. (17~18행)

Q 태아처럼 움츠리고 자는 사람들은 흔히 무엇을 매우 잘하는가?
A 그림과 춤 같은 예술 활동

5 '~가 …한 채로'라는 뜻은 부대상황의 분사구문인 「with+명사+분사」를 사용하여 표현한다.

7행 For instance, perhaps you sleep on your stomach **with your arms and legs sticking out**.

• 「with+명사+분사」는 부대상황의 분사구문으로, '~가 …한 채로'라고 해석한다. 여기서는 명사와 분사가 능동의 관계이므로 현재분사(sticking)가 쓰였다.

14행 They can easily adjust to changes **that** happen in their lives.

• that은 changes를 선행사로 갖는 주격 관계대명사이다. 관계대명사 that은 선행사가 사람이나, 사물, 동물 모두에게 쓸 수 있으며, 주격과 목적격이 동일한 형태이다.

16행 They have personalities **which** require them to be protected and understood.

• 주격 관계대명사 which가 이끄는 형용사절이 선행사 personalities를 수식하고 있다. 선행사가 사물이므로 관계대명사 which가 쓰였으며, which 대신 관계대명사 that을 쓸 수 있다.

31 Animal Burial Customs

pp. 098 ~ 099

정답 1 ③   2 ④   3 ①   4 dies   5 grass, silently, fly, away

지문 해석 　사람이 죽으면 그 사람의 가족과 친구들은 장례식을 연다. 그들은 고인에 대해 이야기를 나눈 뒤 그 사람을 묻는다. 흥미롭게도 동물 가운데 몇몇 종은 죽은 동료를 애도하고 심지어 묻기도 한다.

　코끼리는 친밀하게 무리를 이루어 생활하는데 한 구성원이 죽으면 슬퍼한다. 그들은 자신들의 코로 죽은 코끼리를 만지며 마치 울고 있는 것처럼 시끄러운 소리를 낸다. 그 후 그들은 잠시 조용해지다가 시체를 나뭇잎과 풀로 덮는다. 그들은 심지어 며칠 혹은 몇 주 동안 시체 곁에 남아 있을지도 모른다.

　까치는 모든 새들 가운데 가장 영리한 새들 중 일부인데, 또한 죽은 동료를 기린다. 까치들이 또 다른 까치의 시체 옆에 풀을 놓는 것이 목격되었다. 그들은 또한 시체 옆에 잠자코 서 있다가 멀리 날아간다.

　아프리카의 카메룬에는 가족을 애도하는 침팬지들에 대한 흥미로운 이야기가 있다. Dorothy라는 이름의 침팬지가 구조 센터에서 죽었을 때 그 무리의 나머지 침팬지들은 큰 슬픔에 빠졌다. 그들은 구조 센터 직원들이 Dorothy를 묻을 때 서로의 어깨 위에 손을 얹고 조용히 지켜보았다. 많은 동물들은 인간이 그런 것과 똑같이 <u>감정을 느끼는</u> 것 같다.

문제 해설 **1** ③ '시체를 땅에 묻는 것'은 글에 나온 동물들의 매장 관습으로 언급되지 않았다.

① 시체를 나뭇잎이나 풀로 덮는 것 (7~8행)
② 시체와 함께 며칠을 지내는 것 (8~9행)
④ 시체 옆에 잠자코 서 있는 것 (12~13행)
⑤ 손을 서로에게 얹는 것 (17~18행)

2 가장 영리한 동물로 언급된 것은 코끼리가 아니라 까치이다. (10~11행)

3 코끼리, 까치, 침팬지 등도 사람과 마찬가지로 가족이나 동료의 죽음을 애도한다고 했으므로, 많은 동물들도 인간과 똑같이 감정을 느끼는 것을 알 수 있다. 따라서 ① '감정을 느낀다'가 빈칸에 가장 적절하다.

[문제] 글의 빈칸에 들어갈 말로 가장 적절한 것은?
② 육체적 고통을 느낀다
③ 서로를 위로한다
④ 일상적인 삶을 유지한다
⑤ 장례식 후에 함께 모인다

4 pass away는 '사망하다, 돌아가시다'라는 뜻으로 die의 완곡한 표현이다.

5 까치들이 또 다른 까치의 시체 옆에 풀을 놓는 것이 목격되었고, 시체 옆에 잠자코 서 있다가 멀리 날아가는 방식으로 죽은 동료를 기린다고 했다. (11~13행)

구문 해설　**10행** Magpies, **which** are some of the most intelligent of all birds, also honor the dead.

- 계속적 용법으로 쓰인 관계대명사 which가 이끄는 절이 선행사 magpies에 대한 부연 설명을 하고 있다.

11행 Magpies **have been observed placing** grass beside the body of another magpie.

- 'People have observed magpies placing grass ~.' 의 5형식 문장을 수동태로 바꾼 것이다.

14행 There is a fascinating tale of chimpanzees in Cameroon, Africa, **mourning their own**.

- mourning their own은 chimpanzees를 수식하는 현재분사구이다.

19행 It appears that many animals feel emotions just like humans **do**.

- do는 앞에 나온 feel emotions 대신에 쓰인 대동사이다.

32　Christmas in Russia

pp. 100 ~ 101

정답　1 ③　　2 ⑤　　3 pulling → pulled　　4 tradition

Summary　celebrate, trees, meal, meat

지문 해석　크리스마스는 전 세계 사람들이 축하하는 날이지만 축하 행사들은 나라마다 다르다. 러시아는 흥미로운 크리스마스 전통을 지닌 한 나라이다.

12월 25일은 세계 거의 어디에서나 크리스마스 날이다. 하지만 러시아에서는 크리스마스 날이 1월 7일이다. 날짜가 다른 이유는 바로 러시아 정교회가 다른 달력을 쓰기 때문이다. 러시아 사람들은 크리스마스트리 또한 없다. 대신, 그들은 새해 트리가 있다. 서리 할아버지라고도 불리는 Ded Moroz가 러시아의 산타클로스이다. 그는 크리스마스 때마다 세 마리의 말이 끄는 썰매를 타고 아이들에게 선물을 준다.

음식은 러시아 크리스마스 축하 행사에서 큰 부분을 차지한다. 크리스마스이브에 러시아 사람들은 12가지 요리가 포함된 식사를 하는데, 그 중 아무 것에도 고기가 들어가지 않는다. 곡물과 양귀비 씨에 꿀을 넣은 *kutya*와 러시아식 스튜인 *solyanka*가 흔한 크리스마스이브 음식이다. 크리스마스 날에 러시아 사람들은 돼지고기, 거위고기, 또는 다른 종류의 고기와 다양한 곁들임 요리를 즐긴다.

문제 해설　**1** 주어진 문장 앞에는 새해 트리와 비교될 만한 대상에 대한 언급이 있어야 하므로, ③에 들어가는 것이 가장 자연스럽다.

[문제] 주어진 문장이 들어가기에 가장 적절한 곳은?

2 크리스마스 당일에는 러시아 사람들이 다양한 곁들임 요리와 함께 여러 종류의 고기를 즐긴다고 했으므로, ⑤ '러시아 사람들은 크리스마스 날에 고기를 먹지 않는다.'가 틀린 설명이다.

[문제] 글에 따르면 러시아의 크리스마스 전통에 관한 설명이 맞지 <u>않는</u> 것은?

① 서리 할아버지는 러시아의 산타클로스이다.

② 러시아에서는 크리스마스 날이 1월 7일이다.

③ 러시아 사람들은 크리스마스이브에 12개의 접시에 담긴 식사를 한다.

④ Ded Moroz는 크리스마스 때마다 아이들에게 선물을 준다.

3 pulling by three horses는 앞에 있는 명사인 a *troika*를 수식하는 분사구인데, 명사와 분사가 수동의 관계가 되어야 하므로 pulling을 pulled로 고친다.

[문제] 밑줄 친 문장을 읽고 <u>틀린</u> 곳을 바르게 고치시오.

4 '사람들과 그들의 조상이 오랜 세월 동안 한 행동'이라는 뜻을 가진 단어는 tradition(전통)이다. (4행)

   [문제] 다음 주어진 뜻을 가진 단어를 글에서 찾아 쓰시오.

Summary   [문제] 아래 주어진 단어나 어구를 활용해 빈칸을 채우시오.

식사	축하하다	고기	나무들

러시아에는 흥미로운 크리스마스 전통들이 있다. 러시아 사람들은 1월 7일에 크리스마스를 <u>축하한다</u>. 그들에게는 새해 트리가 있고, Ded Moroz가 크리스마스 때마다 아이들에게 선물을 준다. 러시아 사람들은 크리스마스 이브에 12개의 접시에 담긴 <u>식사</u>를 한다. 하지만 그때 그들은 <u>고기</u>를 먹지 않는다. 크리스마스 날에 그들은 돼지고기, 거위고기, 또는 다른 종류의 고기와 다양한 곁들임 요리를 즐긴다.

구문 해설   **9행**   Russians do not have Christmas trees **either**.

   • either는 부정문에서 '~도 또한'의 의미로 쓰인다.

10행   Ded Moroz, **also called Father Frost**, is the Russian Santa Claus.

   • also called Father Frost는 「주격 관계대명사+be동사」가 생략되어 만들어진 과거분사구로 Ded Moroz를 뒤에서 꾸민다.

14행   *Kutya*, **which** is grains and poppy seeds with honey, and *solyanka*, a Russian stew, are common Christmas Eve foods.

   • which는 계속적 용법의 관계대명사로 선행사 *Kutya*를 부연하여 설명한다. 계속적 용법의 관계대명사는 앞에 ',(콤마)'를 붙인다. 이 문장에서는 관계대명사절이 문장 중간에 들어가 있으므로 절이 끝나는 곳에도 ',(콤마)'를 붙여서 구분했다.

Focus on Sentences

p. 102

A   **1** 당신은 가지고 있는 옷의 수를 세 가지 쉬운 단계를 통해 줄일 수 있다.

   2 당신은 책임 지는 것을 즐기는 지도자일 가능성이 높다.

   3 까치들이 또 다른 까치의 시체 옆에 풀을 놓는 것이 목격되었다.

   4 날짜가 다른 이유는 바로 러시아 정교회가 다른 달력을 쓰기 때문이다.

B   **1** You open your closet <u>to look for something to wear</u>.

   2 For instance, perhaps you sleep on your stomach <u>with your arms and legs sticking out</u>.

   3 Ded Moroz, <u>also called Father Frost</u>, is the Russian Santa Claus.

C   **1** <u>As for</u> the other ones, if they are in good condition, donate them to charity.

   2 They can easily <u>adjust</u> to changes that happen in their lives.

   3 When a person <u>passes away</u>, that individual's family members and friends hold a funeral.

유형 도전　④

변형 문제　playground equipment

지문 해석　아이들은 놀이터 장비를 이용하는 동안 예상치 못한 방식으로 자주 행동한다. 그들은 놀이터 장비가 이용될 수 있는 방식을 탐험하려고 노력하는데, 이것이 반드시 부정적인 행동은 아니다. 문제는 아이들이 감수하는 위험이 심각한 부상이나 가능하게는 죽음을 야기시킬 수 있을 때만 생겨난다. 놀이터 장비를 안전하게 만드는 데 들어가는 많은 노력이 있지만, 그것은 부상에서 절대 자유롭지 않다. 어떤 아이도 그네, 미끄럼틀 또는 시소와 관련된 위험성과 위험도에서 안전하지 않다. (어른이 아이들의 활동을 감독하기 보다는 아이 옆에서 적극적인 역할을 맡아서 놀 때 가장 좋은 놀이가 생겨난다.) 그래도 많이 알고 방심하지 않는 부모가 되는 것이 아마도 삶과 죽음 사이에 중요한 차이를 만들 수 있을 것이다.

문제 해설　아이들의 놀이터 장비에서 예상치 못한 행동은 심각한 부상이나 죽음까지 야기시킬 수 있으므로, 많이 알고 방심하지 않는 부모가 되는 것이 아이들의 안전에 영향을 미칠 수 있다는 내용이다. 이런 내용 속에 아이들의 활동을 감독하기보다 함께 놀아주라는 내용의 문장이 끼어들어 자연스런 글의 흐름을 방해한다.

변형 문제　대명사 it은 바로 앞에 나온 playground equipment를 지칭한다. 즉, 그 문장은 놀이터 장비가 부상에서 자유롭지 않다는 의미이다. (5행)

구문 해설　**1행** They try to explore ways [**in which playground equipment can be utilized**], and that is not necessarily a negative action.
- [ ]로 표시된 부분은 ways를 수식하는 관계절이다.
- not과 necessarily가 같이 쓰이는 경우, 부분 부정을 만들며, '반드시 ~인 것은 아닌'의 의미이다.

3행 Problems only occur [**when the risks** {*that children take on*} **could cause serious injury or possibly even death**].
- [ ]로 표시된 부분은 접속사 when이 이끄는 부사절이다.
- { }로 표시된 부분은 the risks를 수식하는 관계절이다.

5행 No child is safe from the hazards and risks [**that are associated with a swing, a slide, or a seesaw**].
- [ ]로 표시된 부분은 the hazards and risks를 수식하는 관계절이다.

WORKBOOK Answer Key

Chapter 01 pp. 02 ~ 03

VOCABULARY CHECK

A

1	대처하다	16	중요하다, 문제가 되다
2	스트레스가 많은	17	켜다
3	육체적	18	~에 가다, 참석하다
4	정신적	19	드라이브하러 가다
5	잘 잊어먹는, 건망증이 있는	20	(땅에 패인) 홈
6	토하다, 게우다	21	(쉽게) 알 수 있는
7	영양가가 높은	22	성공, 성공작
8	애완동물	23	(손잡이를 돌려서) ~을 올리다
9	탐정	24	만화 영화로 된
10	전화를 끊다	25	조상, 선조
11	실종된	26	혼령, 유령
12	고려하다	27	죽은, 사망한
13	은퇴하다	28	설치하다, 세우다
14	주장하다	29	장식하다
15	(사람을) 고용하다	30	묘지

B

1 do well on
2 get in touch with
3 far, apart
4 is based on

STRUCTURES CHECK

C

1 myself
2 herself
3 itself

D

1 used to be
2 used to go jogging
3 used to live

E

1 no matter how fast they drive
2 No matter how hard she tries
3 The girl injured in the accident
4 Do you know those people waiting outside?

Chapter 02 pp. 04 ~ 05

VOCABULARY CHECK

A

1	횡단보도	16	~을 장려하다
2	(차량의) 경적	17	중고의
3	~와 부딪히다, ~을 들이받다	18	상기시키다
4	다치다	19	무한한
5	끼익 하는 소리를 내다	20	아끼다
6	겁은 먹은, 무서워하는	21	보호하다
7	보행자	22	줄이다
8	겁주다, 겁먹게 하다	23	없애다
9	무시하다	24	전설적인
10	손전등	25	거대한
11	발명하다	26	닮다
12	장치	27	문자 그대로
13	총을 쏘다	28	신화
14	공격하다	29	아마도, 짐작건데
15	필수품	30	통합

B

1 slammed on the brakes
2 stay up
3 trade, for
4 According to

STRUCTURES CHECK

C

1 calling
2 to prevent
3 drinking
4 to learn

D

1 married with → married
2 entered into → entered
3 resembles with → resembles
4 attended to → attended

E

1 while playing basketball
2 When leaving her bedroom
3 ought to finish your homework
4 ought to wear sunglasses to protect your eyes

Chapter 03 pp. 06 ~ 07

VOCABULARY CHECK

A

1	궁금하다	16	수많은
2	궁금해 하는	17	가능성
3	스스로	18	예방하다
4	투명한	19	특히
5	처음에	20	효과적인
6	완만한, 부드러운	21	~와 관련된
7	경사	22	~와 어울려 시간을 보내다
8	표면	23	꽤, 상당히
9	목표	24	재능이 있는
10	질병	25	믿기 어려울 정도로
11	심각한	26	장비
12	멍한, 무표정한	27	인내심
13	부족, 결핍	28	등급
14	10년	29	완성하다
15	줌, 움큼	30	서투른

B

1 decided to build
2 in order to
3 In addition
4 proved to be

STRUCTURES CHECK

C

1 tall enough
2 small enough
3 long enough
4 fast enough

D

1 as cold as
2 not as comfortable as
3 as carefully as

E

1 for us to criticize
2 for people to live longer
3 spends most of the weekend doing
4 spent 6 months working on the project

Chapter 04 pp. 08 ~ 09

VOCABULARY CHECK

A

1	조끼	16	흡수하다
2	돕다	17	몇몇의, 여러 가지의
3	장애를 가진	18	노력
4	자원 봉사자	19	먹다; 소모하다
5	사회화시키다	20	자외선의
6	명령어	21	내뿜다
7	운 좋게	22	(치수·길이 등이) ~이다
8	후에, 나중에	23	발이 걸리다
9	분명히	24	지배하다
10	꽃을 피우다	25	반대하다
11	~할 작정이다	26	삽
12	그런 경우에	27	~의 역할을 하다
13	붐빈	28	상기시키는 것
14	거의	29	설치하다
15	노출	30	대륙

B

1 provide, for
2 instead of
3 a wide variety of
4 serve as

STRUCTURES CHECK

C

1 to get → get
2 cleaning → clean
3 to check → check
4 using → use

D

1 the park where we play baseball on Sundays
2 where we had dinner was near the hotel
3 I recently moved to the town where I grew up.

E

1 get used to a new environment
2 I am not used to getting
3 had better not miss
4 had better tell your mom

WORKBOOK Answer Key

Chapter 05 pp. 10 ~ 11

VOCABULARY CHECK

A

1	까마귀	16	인공적인
2	숭배하다	17	공정함
3	집이 없는	18	~에 관여하다
4	표시	19	~와 관련하여
5	존경	20	으르렁거리다
6	이마	21	연설
7	대상; 목적	22	~을 거부하다
8	헌신, 숭배	23	잡아채다, 움켜잡다
9	진열하다	24	포착하다, 담아내다
10	인공의, 인간이 만든	25	저항
11	구조물	26	경치가 좋은
12	금지된	27	달성하다, 얻어내다
13	용어	28	경쟁하다
14	무의식적으로	29	구불구불한
15	포괄적인	30	부

B

1 are biased against
2 engaging in
3 appears to
4 in excess of

STRUCTURES CHECK

C

1 for
2 as
3 for
4 as

D

1 are being baked
2 is, being restored
3 are being used

E

1 have my bicycle repaired
2 have a pizza delivered to our home
3 makes Spain a popular tourist destination
4 Eating chocolate makes me very happy.

Chapter 06 pp. 12 ~ 13

VOCABULARY CHECK

A

1	운동선수	16	산업화를 이루다
2	아마도	17	수출하다
3	공식적으로	18	오염, 공해
4	자선행사	19	고안하다
5	주제	20	개선되다, 개선하다
6	안드로이드, 인조 인간	21	알아차리다
7	화려한	22	주문하다
8	산맥, 산줄기	23	기원, 근원
9	봉우리	24	(다른 나라로) 이민을 오다
10	도전 의식을 북돋우는	25	영감을 주다
11	대피소	26	싫어하다
12	드러내다, 노출시키다	27	달콤새콤한
13	장관을 이루는	28	~에 익숙해지다
14	경치	29	퍼지다
15	고립된	30	많은

B

1 in attendance
2 sucks in
3 added, to
4 caught on

STRUCTURES CHECK

C

1 Our flight was delayed, which made
2 Kate invited us to the party, which was very nice of her.
3 He passed his exam, which made his parents happy.

D

1 Left alone
2 Painted white
3 Looked after carefully

E

1 All we can do is wait
2 All you have to do is click
3 one of the most famous paintings
4 one of the largest flying birds in the world

Chapter 07 pp. 14 ~ 15

VOCABULARY CHECK

A

1	조리법, 요리법	16	협력하다
2	복제하다	17	물품[품목]
3	진공	18	끈, 줄
4	밀봉하다, 밀폐하다	19	제한된
5	관찰하다	20	유치원생
6	정확하게	21	제안하다, 내놓다
7	고급의	22	독특한
8	그럼에도 불구하고	23	지하의
9	평가하다	24	이론
10	숲	25	전체의
11	관찰하다	26	고고학자
12	활기를 되찾은	27	분리된
13	신경 쓰다	28	가축
14	찬란한	29	사생활
15	오로라	30	현대화되다

B

1 below freezing
2 are used to
3 date back
4 dig out

STRUCTURES CHECK

C

1 cleaning
2 moving
3 watching
4 visiting

D

1 It is believed that
2 It is said that
3 It is believed that the castle was built in 1077.

E

1 have visited Spain several times
2 have lived in three different countries
3 colder than that of Tokyo
4 Our brains are larger than those of our ancestors.

Chapter 08 pp. 16 ~ 17

VOCABULARY CHECK

A

1	중요한, 필수의	16	개인
2	똑같은, 중복되는	17	장례식
3	없애다	18	묻다
4	더미	19	종
5	기부하다	20	잠시 동안
6	자선 단체	21	남다
7	태아의	22	이야기, 일화
8	심리학자	23	영향을 미치다
9	떠맡다, 책임지다	24	축하 행사
10	명령	25	다르다
11	고집이 센	26	달력
12	믿을 만한	27	선물
13	~에 적응하다	28	식사
14	정확하게	29	요리
15	사망하다, 돌아가시다	30	흔한

B

1 as well as
2 tend to
3 taking charge
4 as if

STRUCTURES CHECK

C

1 who, that (복수 정답)
2 who
3 who
4 who, that (복수 정답)

D

1 has been canceled
2 has, been built
3 has been discovered

E

1 The dress Amy bought yesterday
2 the girl Brendan was talking to
3 where the mysterious road is located
4 That is why we should wear helmets

MEMO

MEMO

MEMO

내공
고등영어독해
영어 1등급 자신감!

❶ 아카데믹하고 흥미로운 소재의 32개 지문

❷ 독해 난이도에 따른 지문 구성

❸ 새 교육과정 고등 영어 교과서 핵심 문법 연계

❹ 한 지문당 내신 유형과 수능 유형을 균형 있게 학습

❺ 수능 실전 문항 및 변형 문항 수록

❻ 어휘·문법·구문 복습을 위한 워크북 제공

온라인 학습 자료 www.darakwon.co.kr

□ Review Test 8회 □ MP3 파일
□ 어휘 리스트 □ 어휘 테스트
□ 지문 해석 Worksheet □ Homework Worksheet
□ Dictation Sheet

문제 출제 프로그램 voca.darakwon.co.kr

다양한 형태의 단어 테스트 제작·출력 가능

다락원 홈페이지에서 본 교재의 상세 정보와
MP3 파일 및 부가학습 자료를 이용하실 수
있습니다.